'경청'으로 만드는 행복한 세상!
우리 함께 만들어가요.

_____ 님의
말씀을 경청하겠습니다.

_____ 드림

박원순의
대한민국
소통
프로젝트

경청
敬聽

박원순의
대한민국
소   통
프로젝트

경청

敬聽

_____ 박원순 지음

경청은
사매정신이다.

다른 것 없습니다. 행복해지기 위해 드는 거죠

방민지구 심어방천防民之口 甚於防川.

　'백성의 입을 막는 것은 강물을 막는 것보다 더 위험하다'는, 선현들의 지혜가 담긴 이 경구는 우리에게 시사하는 바가 큽니다. 주변을 둘러보면 살맛난다는 희망찬 이야기보다 걱정과 불만의 목소리가 더 자주 들리는 듯합니다. 서울시장이라는 막중한 자리에 있는 사람으로서 큰 책임감을 느끼는 요즘입니다. 스마트폰과 SNS 등 기술 발전으로 과거보다 소통이 더 쉬워진 듯한데, 소통이 더욱 강조되는 것은 그만큼 소통이 제대로 이뤄지지 않기 때문이겠지요.

서울시장으로 있으면서 많은 일을 겪었습니다. 그동안 쌓이고 쌓인 민원과 갈등이 마치 저를 기다렸다는 듯이 한꺼번에 몰려왔습니다. 두려워하지 않고 그 한가운데로 걸어 들어가 귀를 기울였습니다. 결국 답을 찾을 수 있었고 문제는 해결되었습니다. 지금 서울은 조용해졌습니다. 지난 2년간의 시정은 현안을 해결하고, 갈등을 풀고, 삶의 질을 높이고, 미래의 초석을 쌓는 과정이었습니다.

과거 인권변호사와 시민활동가로 살아오면서부터 우리 사회 각 분야의 많은 분들을 만났습니다. 결국 사람들이 함께 모여 행복하게 살기 위한 첫걸음은 소통이었습니다. 소통을 잘하기 위해서는 상대방의 말을 잘 듣는 열린 마음, 경청이 필요했습니다. 1천만 시민의 삶을 돌보는 자리에서는 더욱 그러했습니다.

그래서 이 책을 쓰기로 마음먹었습니다. 주변에서는 과분하게도 저를 소통 잘하는 사람이라고 이야기해주지만 과연 그러한지 돌아보고 싶었고, 제가 경험한 다양한 경청의 사례들이 불통의 시대에 다소나마 도움이 될 수 있지 않을까 생각했습니다. 이 책에 담긴 이야기들이 사람들에게, 우리 사회에 조금이라도 울림을 줄 수 있다면 시정활동만큼 의미 있는 일이 되지 않을까요?

평소 갖고 있던 고민거리와 이야기를 잘 정리해준 조은호 씨와 휴먼큐브 출판사 그리고 서울시 공무원들에게 고마움을 표합니다. 무엇보다 서울시민의 성원과 힘이 없었다면 이 책은 세상에 나올 수 없었을 것입니다. 진심으로 감사합니다.

단순히 듣는 걸 '청聽'이라고 합니다. 그런데 듣는 것만으로는 진짜 소통을 하기는 부족합니다. 그래서 더욱 잘 듣기 위해 상대의 말에 귀를 기울여 '경청傾聽'을 합니다. 그런데 저는 귀 기울여 듣는 것으로도 부족하다고 생각합니다. 상대를 공경하는 마음이 없다면 아무리 열심히 듣는다 한들 그저 지나가는 작은 소리로밖에 여겨지지 않을 겁니다. 그래서 저는 '경청傾聽'을 넘어 '경청敬聽'하려 합니다. 공경하는 마음으로 가슴 깊이 새겨듣고 진짜 소통을 하려고 합니다.

눈은 떠야 보이는데 귀는 항상 열려 있으니 말하면 들린다고 착각하기 쉽죠. 귀도 떠야 들립니다. 우리 모두 오늘부터 귀를 뜨고 열린 마음으로 옆 사람을 대하며 경청과 진정한 소통을 실천해볼까요?

2014년 1월

서울특별시장 박원순

2부

불통의 시대,
어떻게 듣고
무엇을 바꿀 것인가

시민들의 새해 소망을 직접 들어봤습니다!

서울씨의 10분 라디오 팟캐스트 영상
(스마트폰에서 'QR코드 리더'를 실행하시고 QR코드를 스캔하세요.)

1부

경청이
필요한
불통의 시대

외롭다고
아우성치는 시대

오늘 하루, 이번 주, 독자 여러분은 일상 속에서 얼마나 많은 사람을 만나셨나요? 어떤 대화를 나누셨나요? 개인마다 정도의 차이는 있겠지만 우리는 많은 사람을 만나고 많은 대화를 하며 살아갑니다. 오프라인 공간을 넘어 요즘은 스마트폰을 통해 누구나 소셜네트워크서비스SNS로 온라인 공간에서 많은 관계를 맺고 소통을 하며 살아갑니다.

과거 그 어느 때보다 이야기할 곳이 많아졌고 온·오프라인 공간에서 많은 대화를 하며 살아가지만, 아이러니하게도 현대인들은 외롭다고 합니다. 내 이야기를 들어줄 사람이 없어서 속상해하고 마음 아파합니다. 걱정과 고민을 털어놓을 곳이 없다고 하소연합니다. 우울증이라는 단어는 이제 우리에게 너무나 익숙한 말이 됐습니다. 왜 이런 일들이 벌어지고 있는 걸까요?

또한 요즘 여기저기서 '불통의 시대'라고 합니다. 가깝게는 내 주변 사람과, 조금 멀게는 이웃, 조직, 사회 내에서 소통이 잘된다는 이야기는 듣기 어려운 것 같습니다. 오히려 그 반대의 목소리, '통하지 않는다'는 소리는 어렵지 않게 들을 수 있습니다. 과학과 기술은 점점 발전하고 과거와 비교할 수 없을 정도로 소통의 도구는 진화했는데 도대체 왜 이런 걸까요?

이제부터 독자 여러분과 이런 이야기들을 하려고 합니다.
'나는 지금 다른 사람들과 제대로 이야기하고 있는가?' '다른 사람의 이야기를 귀 기울여 듣고 있는가?' '소리 높여 내 이야기만 하고 있지는 않나?' '남의 탓만 하고 있는 것은 아닌가?' 눈치채셨겠지만 '나'에 관한 이야기를 하려고 합니다. '나'를 바꾸지 않고서는 '남'도 바뀌기 어려운 것이니까요. 남을 바꾸려는 것보다 나를 바꾸는 일이 조금 더 쉽지 않을까요? 소통도 마찬가지라고 생각합니다.

학창 시절, 듣기평가 해보셨죠? 국어든 영어든 아마 세상에서 그보다 더 열심히 누군가의 이야기를 들을 때도 없을 겁니다. 왜 그렇게 열심히 들으셨나요? 당연히 정답을 맞히고 점수를 잘 받기 위해서죠. 잘 들어야 정답이 나옵니다. 아쉽게도 우리는 평상시에 듣기평가를 할 때만큼 누군가의 이야기를 잘 듣지 못하는 것 같아요. 듣고 싶은 대로 듣거나 듣고 싶은 부분만 들어도, 심지어 듣지 않아도 당장 무슨 문제가 생기지는 않기 때문이죠.

이제는 듣기에 조금 더 관심을 가져야 하고, 관심 갖는 것을 넘어 어떻게 하면 잘 들을 수 있을까에 대해 고민해야 하는 시기가 왔습니다. 단순히 상대방의 기분을 상하지 않게 하거나 중요한 정보를 빠뜨리지 않고 습득하는 수준을 넘어, 내가 하고자 하는 것을 잘할 수 있게 만들어주는 것이 바로 경청입니다. 한 집단 안에서 리더, 혹은 팔로워로서 이끌고 이끌리며 다양한 사람과 호흡하는 현대사회의 속성을 잘 헤아려보면, 왜 경청이 필요한지 답을 찾을 수 있답니다.

그런데 '경청'이라는 말은 쉬운 듯 어려운 말이지요. 상대방의 숨소리 하나 놓치지 않고 온 신경을 집중해 열심히 들으면 되는 걸까요? 열심히 듣고 고개를 끄덕이면 끝일까요?

제가 이제까지 법조인과 시민활동가, 서울시장으로 일하며 보고 듣고 배우며 느낀 것들을 중심으로 진짜 경청하는 방법에 대해 이야기를 풀어볼까 합니다.

지금 외로우신 분들, 함께 시장실 구경하실까요?

서울시장실 소개 영상

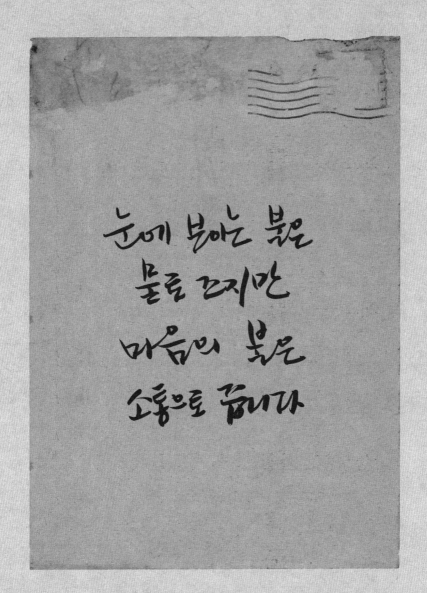

눈에 보이는 분은
물로 그지만
마음이 보이는
소중으로 꿈니다

귀는
자란다

귀는 자랍니다. 여기서 귀란 실제 귀가 아니라 마음의 귀를 말하는 것입니다. 마음의 귀가 작으면 그만큼 들을 수 있는 소리도 적습니다. 마음의 귀가 크면 클수록 온갖 소리를 다 들을 수 있고요. 저는 작디작던 마음의 귀를 한껏 키워본 경험을 해보았기에, 조금 부끄럽지만 여러분께 저의 '귀 성장기'를 들려드릴까 합니다.

어느 TV 프로그램에서 자기 스스로에게 점수를 매겨보는 장면을 봤습니다. 아버지로서, 남편으로서, 직장 상사로서, 친구로서 몇 점인지 평가해보라는 뜻이겠죠. 여러분은 자신에게 몇 점을 주시겠어요? 10년 전, 20년 전을 돌이켜보면 그때의 제 점수는 0점도 모자라 마이너스까지 내려가야 할지도 모르겠습니다.

과거 변호사로 근무할 때부터 그랬지만, 참여연대와 아름다운재단, 희망제작소에서 일하던 시절에 저는 일 중독자였습니다. 가족이고 뭐고 다 팽개치고 일, 일, 일만 외치고 다녔죠. '이렇게 해야 일이 된다'는 판단이 서면 그 결과로 가는 길 외에 아무것도 보이지 않았습니다.

1990년대만 해도 인식이 많이 바뀌어서 남자도 가정적이고 자상해야 한다는 이야기가 나올 때였어요. '일밖에 모르는 남편', '무뚝뚝한 아버지'가 좋지 않다고 도처에서 얘기가 나올 때조차 저는 늦게 퇴근해서 일찍 나가며 가족과는 말 몇 마디 주고받지 않는 때가 거의 대부분이었어요. '마누라'에게 잔심부름을 시키며 집안에서 손 하나 까딱하지 않는 전형적인 구닥다리 남자였죠. 집안일은 말할 필요도 없고 자식 교육이나 진학, 심지어 가정경제까지 아내한테 미뤄놓았으니 그동안 쫓겨나지 않은 게 다행일지도 몰라요.

그럼 직장에서는 좋은 상사였을까요? 이 책의 제목이 『경청』입니다만, 과거의 저였다면 도저히 이 책을 쓸 수가 없었을 거예요. 여러 단체를 만들고 정착시키는 과정에서 저는 불도저처럼 일을 했습니다. 그냥 불도저도 아니고 거의 브레이크가 걸리지 않는 불도저였어요. 그 과정에서 때로는 많은 사람들에게 상처도 주었을 것입니다. 모두들 시민단체에서 봉사하고 헌신하고자 하는 사람들이었기 때문에 대수롭지 않게 넘어가긴 했지만, 실무책임자로서 그 당시 저는 후배들의 사정을 잘 이해하고 배려하는 좋은 선배 또는 상사는 아니었을 겁니다.

영화나 드라마에서 가족과 휴식의 소중함을 환기하는 내용을 정말 흔하게 접하는데요, 매번 그런 이야기를 보고 들으면서도 정작 실생활이 변화하기는 어렵죠. 당장 눈앞에 일이 산적해 있고 사람의 에너지는 한정되어 있는데 쉴 때 쉬고 놀 때 놀면서 일과 가정을 다 잘 돌보는 사람은 슈퍼맨 아니겠어요? 가족과 직원에게 가끔 미안한 생각이 들 때마다 저는 늘 현실 논리로 핑계거리를 만들곤 했습니다.

그런데 그렇게 결과만 바라보며 살았다면 아마 저는 지금보다 불행했을지도 모르겠습니다. 자기만의 원칙을 가지고 "돌격 앞으로!"를 외치는 사람은 당당해 보일지 몰라도 실상은 외롭고 불안한 사람이니까요. 함께 만들어가는 과정이 주는 기쁨은 멋지고 화려한 결과가 주는 기쁨보다 훨씬 크다고 확신합니다. 다만 과거의 저는 오랫동안 그 사실을 모르고 살았죠.

아이러니하게도 끝없이 빠져들던 중독과 독선의 늪에서 저를 구해준 건 일이었습니다. 제가 처한 입장과 환경이 변하면서 일을 잘 할 수 있는 방식 또한 조금씩 바뀌어간 거예요. 제가 접하는 일들 대부분이 수평적 사회, 소통하는 사회를 만드는 일이었습니다. 일의 규모가 점점 커지고 참여하는 인원이 다양해질수록 눈 가리고 아옹 식으로 결과는 멋있게 나오는데 과정은 독불장군처럼 해나 갈 수 없게 된 거예요. 과정 역시 평등한 대화가 뒷받침이 되고 모든 구성원들이 만족하는 형태로 진행되지 않으면 잘된 일이라는 평가를 받기 어려워진 겁니다. 그러기 위해서 저는 예전보다 훨씬 잘 듣는 사람이 될 수밖에 없었어요.

좋은 일을 하다보니 저도 모르게 변하기도 했습니다. 예를 들어 우리나라에서 최초로 성희롱 사건을 변호하며 여성 인권을 지켰던 변호사가 집에서는 아내를 하대하고 권위를 내세울 수 있겠습니까? 변론을 잘하기 위해 여성의 권익을 공부하다보니 저도 모르게 아내를 바라보는 태도가 바뀐 점도 있지요.

그렇지만 저 스스로 노력을 많이 한 것도 사실입니다. 오랫동안

놀던 사람이 일을 하려면 취업 준비를 하죠? 마찬가지로 오랫동안 일만 해서 그것밖에 모르는 사람은 놀 준비를 해야 놀 수가 있어요. 세상 모든 일이 쉬운 게 없습니다. 어차피 남편이고 아버지니까 당장은 바빠서 못하지만 마음만 먹으면 아내한테 잘하고, 아이들한테 친절해질 수 있을 것 같지만 절대 그렇지 않아요. 직장에서 소탈한 상사가 되는 일 역시 연습과 노력이 없이는 결코 도달할 수 없습니다.

결정적으로 서울시장이 되면서 저는 전면적으로 스스로를 변화시켜야 했어요. 서울시장이라는 위치가 어느 자리인가요? 적게 잡으면 수천, 많이 잡으면 수만에 달하는 공무원들과 같이 호흡해야 하고 1천만 시민의 머슴이 되어야 하는 자리입니다. 그런 자리에서 하고 싶은 말 마음대로 하고 만나고 싶은 사람만 만나면서 제 마음대로 할 수 있을까요?

특히 제가 시장으로서 만난 서울은 속속들이 알면 알수록 무수한 균열과 갈등을 내재하고 있었습니다. 시민으로 살면서는 미처 몰랐던 사연들도 참 많더군요. 그렇게 갈라지고 상처입은 도시에서 시장이라는 사람이 자기 입맛에 맞춰 편을 가르고 줄을 세울 수는 없는 일이었습니다.

그 과정에서 자연스럽게 경청이라는 단어가 제 머릿속에 떠올랐습니다. 예전 스타일대로 하나부터 열까지 다 챙길 수는 없었기에 다른 사람에게 일을 맡기고 진심으로 그 사람을 믿는 일부터 시작했습니다. 시장이라는 자리가 어떤 자리일까 생각하면 할수록 그 답이 나왔습니다. 그래서 일단 어떻게 일을 하는 게 좋고 무엇이 문제인지, 제가 알지 못하는 부분에 대해 공무원들의 의견을 경청했습니다.

그다음은 시민들의 말씀을 들어야 했죠. 저를 응원하는 사람만이 아니라 반대하는 사람의 이야기도 다 들어야 한다고 생각했습니다. 그래서 저를 비판하고 오해하는 분들이 모인 자리에는 용기를 내어 일부러 갔습니다. 때로는 주변에서 그런 자리에 왜 가느냐며 만류하기도 합니다. 하지만 저는 그분들이 오해하신 부분이 있다면 풀고, 시장에게 하고 싶은 말이 있다면 들으러 갔지요. 뺨을 맞고 물벼락이 쏟아질 수도 있다는 각오로 도전했습니다.

하나도 걱정되지 않고 무섭지 않았다면 거짓말이지요. 그 두려움을 딛고 막상 만나니 걱정했던 만큼의 불상사도 없었고, 반대하시는 분들의 목소리까지 듣고 나니까 어떤 이야기도 다 들을 수 있겠다는 자신이 생겼습니다. 현장에 가면 시장 물러나라며 목소리

높이는 분들도 계시지요. 그런 분들이 있으면 절대 막지 말고 하고 싶은 말씀을 다 하도록 합니다. 예전 같으면 화가 나서 귀를 닫아버렸을 저이지만, 이제는 무슨 이야기든 다 듣고 적절한 답변을 할 수 있는 사람이 되었다고 자평합니다. 또 이런 제 노력의 결과로 처음에 저를 불신하고 무작정 고개를 돌리셨던 많은 분들이 이제는 저를 선입견 없이 받아들이는 정도가 되었다고 생각하고요.

가족을 대하는 태도도 변해야 했습니다. 시민 가정의 평화와 안정을 기원하는 시장이 정작 자기 집에서는 말 한 마디 안하고 찬바람 쌩쌩 불며 표리부동하면 안 될 일이죠. 부끄럽고 어색해도 아내와 아이들한테 말 한 마디라도 더 건네고 가족과 함께 있는 시간을 잠깐이라도 더 내려고 노력해야 했습니다.

저는 살아오면서 평등한 소통이 주는 기쁨을 자주 맛보았습니다. 행운이죠. NGO에서는 사실 지시와 복종의 관계라기보다는 신뢰와 협력의 관계이지요. 젊은 사람들과 함께 평등한 입장에서 일하는 것은 큰 기쁨이었습니다. 기쁨만으로 해결되지 않는 부분은 강제로 변하기도 했습니다. 어떨 때는 주변 환경 때문에 어쩔 수 없이 권위의식을 내려놓아야 할 때도 있었습니다. 그렇게 반강제로 이끌려 갔더라도, 결과적으로 봤을 때 소통하고 경청하는 것이 그렇지 않을 때보다 항상 좋았습니다. 그리고 노력했습니다. 대화하고 소통하는 인간이 되기 위해 끊임없이 노력했습니다. 그렇습니다. 저는 지금도 열심히 진화하는 중입니다.

여러분은 어떠신지요? 평소 제 모습을 보고, 혹은 이 책을 읽고 저에 대해 조금이라도 좋은 점을 발견하셨다면, 그 모든 것은 태어나면서부터 가지고 나온 장점이 아니라 유구한 과정의 결과라는 점을 알아주셨으면 합니다. 소통에 있어 스스로에게 만족하지 못하는 부분이 있다면, 꽉 막힌 벽창호로 지내다가 수많은 시민의 목소리를 듣는 커다란 귀를 가진 사람으로 성장한 저를 보고 힘을 내십시오.

소통으로 나아가는 출발인 경청은 누구나 할 수 있는데, 유독 나만 뭔가 부족해서 잘 못하고 있는 것이 아닙니다. 누구나 쉽게 하기 어려운 것이고 그렇기에 적절한 환경 안에서 나름의 노력을 기울일 때 해낼 수 있는 도전 과제입니다. 소통의 도정에 있다는 점을 잊지 마시고 마음의 귀를 크게 키우는 그날까지 꾸준히 달리시기 바랍니다. 조금 오래 걸리더라도 결국 도달할 수 있을 테니까요.

시민청 앞 귀 모양의 조형물입니다. 한가운데 검은 마이크 보이시나요? 거기에 대고 말씀을 하시면 내용이 분류되어 해당 부서에 전달됩니다. 한번은 뉴타운 재개발 정책에 한탄하셨던 어느 시민분이 술을 드시고는 차로 귀 조형물을 들이받으셨어요. 다행히 다치시지도 않았고 조형물도 크게 상하지는 않았습니다. 얼마나 답답하셨으면 그러셨을까요? 그래서 제가 조형물을 수리하지 말라고 했습니다. 대신 그 앞에 자그마한 팻말을 세웠지요. '더 잘 듣겠습니다'라고요.

저는 시대를 역행하는 것이 아니라
시대를 따라가려고 합니다
어차피 알고 있고 알려질 정보라면
더 친절하게, 더 잘 알수 있게
공개하는 게 낫지 않겠어요____?

발은 땅에 딛고,
눈으로는 우주를 보라

리더든 팔로워든, 각자의 위치에서 자신의 역할을 제대로 수행하려면 어떻게 해야 할까요? 저는 자신이 처한 시대를 올바로 바라볼 수 있는 능력이 기본이라고 생각합니다. 세상과 연을 끊고 오로지 자신만의 길을 가는 예술가나 철학자가 아니라면, 우리는 늘 시대의 요구에 귀 기울여야 합니다. 그 흐름이 막연해 파악하기 힘들면 우리보다 조금 일찍 발전한 선진국의 예를 살펴보며 배우면 되죠.

시대의 변화를 예민하게 알아채고 그에 맞춰 나를 변화시키기가 쉬운 것은 아닙니다. 미래는 아직 오지 않은 것이고, 나는 예전부터 해오던 익숙한 행동들이 있잖아요. 보이지 않는 미래에 맞춰 뭔가 변화한다는 것이 두렵고 어색한 게 인지상정일지 모르죠.

그렇지만 미리 준비하지 않으면 쉽게 말해 손해를 볼 수밖에 없어요. 예를 들어 아파트를 한 채 지어도 말이죠, 예전 같은 사고방식으로 지으면 어떻겠습니까. 당연히 4인 이상의 가족이 살 수 있는 큰 집을 짓게 되겠죠. 보통 그랬으니까요. 지금 무턱대고 4인 가족 규모의 아파트를 짓는다고 사람들이 찾아올까요? 이제는 4인 가족보다 혼자 사는 사람이 늘어나는 시대잖아요. 소형 평수를 늘이고 혼자 사는 사람들이 살기 적절한 환경을 고민해야 주택이 팔리겠죠. 시대가 바뀐 겁니다.

시대를 바라보면 자연히 내가 발 딛고 있는 사회에 대해 생각하게 됩니다. 나 혼자 시대를 따라가는 게 아니라, 시대에 따라 사회가 변하고 그 안에 내가 존재하는 거잖아요. 그리고 함께하는 삶에 대한 고민은 근본적으로 내가 행복하게 사는 방법을 찾는 것과 맞닿아 있습니다.

이렇게 생각해볼까요? 요즘 밤거리 걷기가 만만치 않습니다. 딸자식이 있는 부모님들, 행여 우리 딸 늦은 밤 귀가하다가 무슨 일이나 당하지 않을까 걱정이시죠? 저 역시 당연히 고민하고 걱정했을 겁니다. 그런데 이런 일을 해결하기 위해 어떤 식으로 행동하는지는 사람마다 다릅니다. 어떤 사람은 차를 몰아 딸을 데리러 가고 택시를 부르고 통금을 정하면서 어떻게든 내 자식을 지키면 안전할 거라고 생각합니다. 이와 달리 어떤 사람은 도둑과 강도를 없애기 위해 세상에 나섭니다. '슈퍼맨'처럼 악당을 물리친다는 뜻이 아니라 아예 세상을 바꾸려는 시도를 한다는 겁니다. 세상이 평화롭고 모두의 자녀가 안전해질 때 나의 자녀도 진정으로 안전하다는 생각을 하는 거죠.

환경문제 같은 것도 마찬가지입니다. 에코, 리사이클링 등의 용어가 왜 유행하는 걸까요? 당장 전기 잘 들어오고 물 콸콸 나오는데 에너지 절약이 웬 말일까요? 조금만 관심을 가져보면 이 땅이, 넓게 보면 지구가 시들어가고 있다는 징후를 확인할 수 있습니다. 나 하나, 우리 가족만 환경호르몬 따져가며 유기농 제품을 사먹으면 그만이 아니죠. 전체 환경이 병들면 나도 병들게 되어 있어요. 지구가 멸망의 길로 가면 우주선을 타고 화성으로 도망가지 않는 한 다 같이 죽습니다. 지속 가능성과 환경문제에 관심을 갖지 않고 나 하나 괜찮겠지 하며 소비에 소비를 거듭하면 공멸의 길로 갈 뿐이죠.

제가 대학생들을 만날 때면 학생들에게 '사회에 책임을 지는 사람이 되라'는 이야기를 많이 합니다. 좀 고리타분한가요? 예전에는 이런 이야기가 어떤 제도나 특정 가치, 특히 국가에 대한 충성의 맥락에서 나오기 마련이었죠. 국가를 생각하는 마음도 중요하지만, 저는 무엇보다 자기 자신을 소중히 생각하는 마음이 1등이 되어야 한다고 말합니다. 그리고 그런 맥락에서 책임감을 강조합니다.

나 자신을 위하라면서 동시에 사회를 책임감 있게 바라보라는 게 다른 말일까요? 저는 인간이란 자기가 그리는 우주만큼 성장한다고 봅니다. 어려서부터 세속적인 가치가 최고라고 믿고 번듯한 직업을 가지고 좋은 차를 타고 다니는 꿈을 꾸면 그게 전부입니다. 반대로 우주를 바라보려 하고 이 세계를 자기 무대라고 생각하는 사람은 그만큼 크게 자랄 수 있습니다. 저는 청년들에게 이렇게 말합니다. 여러분은 리더고, 이 공동체의 운명 속에 함께 있다고요. 그리고 엄청나게 큰 세계가 여러분 앞에 있다고 이야기합니다. 그 사실을 제대로 인지한 청년과 그렇지 않은 청년의 그릇 크기는 다릅니다.

모든 사람이 세계와 우주를 호령하는 어마어마한 사람이 되어야 한다는 뜻은 아닙니다. 그럴 수도 없고요. 다만 각자 자신이 처한 현실에서 할 수 있는 일이 있잖아요? 그 안에서의 최대치, 최대치를 넘은 최대치까지 바라보자는 의미입니다. 행동은 바닥에서 하되 생각은 전 지구적으로 해보는 것이죠.

그런 꿈을 꾸는 데는 직책이나 배경 같은 건 별로 중요하지 않습니다. 저의 경우에도 처음 대학에 입학했을 때 제가 판검사가 되어 그 분야에서 명망 있는 사람이 되길 바라는 시선들이 분명히 있었죠. 그 꿈도 큰 꿈이지만 저는 더 큰 꿈을 꾸고 싶었고 실제로 그렇게 했습니다. 덕분에 더 큰 기회와 행운을 얻을 수 있었다고 믿습니다. 큰 꿈을 가지고 걸어가다보면 돈과 명예가 따라올 수도 있고 아닐 수도 있어요. 돈과 명예는 중요하지 않습니다. 그 자체를 목적으로 삼으면 오히려 내가 가질 수 있는 여러 가지 더 큰 가능성들을 놓치게 됩니다. 소탐대실小貪大失의 우를 범할 이유가 있을까요?

©김현성

저희 가족 '희망이'와 '서울이'입니다. 두 녀석이 얼핏 외양은 비슷해도 성격은 사뭇 다릅니다. 장난치는 방법도 다르고요. 두 녀석의 동그랗고 까만 눈동자와 콧방울을 들여다보고 있노라면 제가 배우는 것이 참 많습니다. 동물 가족들과도 함께 행복할 수 있는 서울을 만들고 싶습니다.

귀를
떠라

그래서 '경청'입니다. 꿈의 크기를 넓혀나가며 챙겨야 할 필수 덕목이지요. 시대의 부름에 적절히 부응하며, 수많은 이들이 강조하는 시대에 맞는 인재가 되기 위해서는 '잘 듣는 것'이 무엇보다 중요하다는 말입니다.

인터넷과 소셜미디어가 폭발적으로 성장하고 있지만 세상은 여전히 공평하지 않고 합리적이지 않습니다. 민주주의란 말할 수 있는 기회를 모두가 공평하게 갖는 것이며, 소통이란 말하기와 듣기가 어느 한쪽으로 치우치지 않고 이뤄지는 행위를 말합니다. 민주주의 안에서 소통은 말 자체의 합리성과 정당성을 중심으로 진행되는 것이 정상입니다. 하지만 주위를 둘러보세요. 윗사람만 말을 하고 아랫사람은 말하는 법을 잊어버린 관계가 수도 없이 많습니다. 나이가 많고 학력이 높고 지위가 높아서 그가 하는 말이 옳은 말이 되는 시대에 살고 있지 않습니까?

그 불균형 속에 수많은 사람들이 상처를 입었습니다. 권력적으로 완벽하게 우위에 있는 인물은 없습니다. 소통이 불완전한 사회에서는 모든 사람이 예외 없이 소통의 부재로 인해 자신이 무시당하는 것 같은 느낌을 받고, 그 상처가 또다른 소통의 부재를 낳는 악순환이 계속됩니다. 소통이 안 되면 인간은 쉽게 불행해집니다. 외롭죠. 사람들은 단지 인간 대 인간으로서 내 이야기를 제대로 들어줄 사람을 원하고 있습니다.

학창 시절 교장선생님 훈화 말씀, 기억나세요? 가장 인기 있는 교장선생님은 훈화를 짧게 하는 사람이라고 하죠. 교장선생님의 말씀 자체는 잘 들어보면 다 좋은 말일 겁니다. 훌륭한 학생으로 올곧게 자라길 바란다는 이야기겠죠. 그런데 듣는 사람은 아무도 없습니다. 기억에 남지도 않죠. 왜일까요? 일방적이고 재미가 없기 때문입니다.

훈화 말씀을 하는 그 순간은 단상 위에서 혼자 말하는 교장선생님도, 딴생각하며 듣는 시늉을 하고 있는 학생들도 모두 외롭습니다. 학생들과 정말 대화를 나누고 싶은 교장선생님은 어떻게 해야 할까요? 먼저 학생들의 이야기를 들어야겠죠. 학생들이 어떤 이야기를 듣고 싶어하는지 알아야 합니다. 그리고 듣는 이의 눈높이에 맞는 어휘와 문장으로 말해야 합니다.

눈은 떠야 보이는데 귀는 항상 열려 있으니 말하면 들린다고 착각하기 쉽죠. 귀도 떠야 들립니다. 간단한 일은 아닙니다. 악기를 배우고 외국어를 배우듯이 경청 또한 전략적으로 배우고 익혀야 얻을 수 있습니다.

누군가의 이야기를 잘 듣는 일은 말이라는 게 탄생하면서부터 항상 중요한 일이었습니다. 시대에 따라 그 중요성이 간과되거나 다른 말로 포장되었을 뿐이죠. 사실 최근까지도 우리 사회는 잘 듣는 일이 그다지 중요하지 않았습니다. 고도성장의 사회에서는 굳이 묻거나 따지지 않아도 가야 할 길이 명확하기 때문이죠. 누구나 아는 목표에 대해 목소리를 크게 내는 사람이 환영받았습니다. 이를 '추진력'이나 '카리스마'라고 부르기도 했죠.

지금은 어떻습니까? 경제성장을 위해 끝없이 달리던 시대는 끝났고, 조금씩 성장하면서 그동안 쌓아온 것을 잘 나눠야 하는 때입니다. 사람들의 욕구는 다양해졌습니다. 예전처럼 먹고 자는 일만 해결된다고 행복을 느끼지 않습니다. 사람들은 재미있게 놀고 즐기고 생산하고 관계 맺기를 원합니다. 하나밖에 없는 골인 지점을 향해 무작정 달려가는 것이 예전의 시대적 흐름이었다면, 지금은 다양한 길을 향해 달려나가는 구성원 하나하나가 모두 중요한 시대가 되었습니다.

이 변화를 민감하게 잘 잡아내는 곳은 역시 기업입니다. 예전에는 생산자와 소비자 사이의 격차가 컸어요. 생산자가 방대한 정보를 가지고 알아서 물건을 만들면 소비자는 감탄하며 소비하기에 바빴습니다. 이제는 소비자가 생산자만큼 알고 있어요. 생산자보다 더 잘 아는 분야도 생깁니다. 소비자가 어떤 공정으로 제품이 만들어지는지 알고 적극적으로 생산 과정에 개입하는 게 지금의 시장입니다. 생산자는 제품의 A부터 Z까지 다 아는 소비자에게 심사를 받아야 하는 상황이고요.

당연히 생산자는 겸손해져야 합니다. 내가 만든 제품을 과시하듯 내놓는 것이 아니라, 소비자가 불편을 느끼지 않게 잘 만들었는지 낮은 자세로 물어야 하겠죠. 세계적인 기업의 오너들이 하는 이야기를 들어보면 '소통', '대화' 같은 단어가 자주 나옵니다. 내부 직원들의 목소리나 소비자와의 대화를 고려하지 않고 제품을 만드는 회사가 오래갈 수 있을까요? 사장 마음대로 물건을 만들어 무조건 시장에 갖다 놓는다고 회사가 성장하는 시대는 지났습니다.

이른바 오픈 콜라보레이션open collaboration, 개방형 협업이 강하게 요구되는 상황입니다. 생소한 용어지만 특별히 어려운 말은 아닙니다. 인터넷 백과사전 위키디피아는 모두가 함께 만드는 백과사전인데, 그 신뢰도가 세계 어느 사전과 비교해도 떨어지지 않는다고 하죠? 전문가 몇 명보다 이 세상 모두가 참여하는 백과사전이 가장 믿음직한 사전입니다. 광속으로 변하는 지금, 사장 한 명의 머리로는 변화의 속도를 따라잡을 수 없어요.

그렇기에 기업은 소비자에게 끊임없이 묻고, 더 좋은 건 소비자가 참여할 수 있게 만들어야 합니다. 소비자가 스스로 말한 것, 스스로 행동한 것이 경영의 지침이 되어야 하는 것이죠. 대단한 세일즈가 아니라 작은 물건 하나라도 제대로 팔리면 우선 소비자를 알아야 합니다. 훌륭한 기업가와 세일즈맨들은 이 사실을 누구보다 잘 알고 이미 실천하고 있지요.

　기업과 자본은 이렇게 시대를 따라가는데 행정이나 정치는 어떤가요? 두터운 제도적 관습 안에 갇힌 행정과 정치 권력은 이런 사회의 변화를 잘 몰라서, 혹은 알면서도 바꾸고 싶지 않아서 과거의 방식을 고수하는 중 아닐까요? 종종 대다수의 사람이 원하는데, 대세가 이러저러한데 '장長'이라는 직함을 달고 있는 사람이 요지부동이라 이루어지지 않는 일도 많습니다. 제도라는 틀이 있고 일단 권력을 쥐었으니 변하지 않아도 당장은 문제가 없을지 모르죠.

　그 자리에 앉아 있는 사람들의 일방적인 잘못은 아닙니다. 이전 시대가 그랬으니 새로운 시대에 대한 준비가 덜 되어 있다면 그럴 수밖에 없는 일이죠. 우리 사회는 행정과 정치 리더십의 과도기에 놓여 있습니다. 진화의 법칙에 따라 과도기를 기회 삼아 진화하는 부류와 도태되는 부류가 생기겠죠. 분명한 건 시대에 맞는 리더십을 갖춘 사람이 되어야 이 사회로부터 인정받고 본분을 다할 수 있다는 점입니다. 본인을 위해서든, 우리 사회를 위해서든 변화해야 하는 시기입니다.

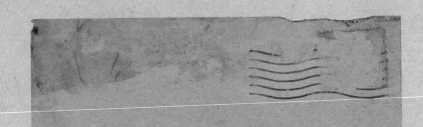

다혜넘이 없으면
그 사람은 메빈자미 볼라합니다.
뜬구름 짚은 소리만 하는거료.

진짜 소통과
가짜 소통

경청과 소통을 강조하면 어떤 사람은 이런 이야기를 합니다. 일은 빨리빨리 해야 하는데 언제 일일이 찾아가 이야기를 다 듣느냐고요. 이른바 효율성을 강조하는 입장이죠. 그런데 잘 생각해보세요. 예를 들어 제가 음식을 한다고 칩시다. 저 혼자 먹을 음식이라면 아무렇게나 제 마음대로 해도 상관이 없겠죠. 음식이 시커멓게 타도 제가 끙끙거리면서 먹어치우면 그만이니까요.

그러다가 상황이 바뀌어서 여러 사람에게 음식을 대접하는 입장이 됐습니다. 기분이 좋아서 그냥 한턱 쏘는 게 아니라 돈을 받고 음식을 내줘야 하는 상황이에요. 이럴 때 제 마음대로 음식을 하면 어떻게 될까요? 요리를 빨리 할 수는 있겠죠. 그렇지만 그 자리에 모인 다양한 사람들의 취향과 입맛에 맞는 적절한 음식을 만들지는 못할 겁니다. 마지못해 음식을 먹는 사람도 있고, 환불을 요구하는 사람도 있고, 간장을 달라 고추장을 달라 더 익혀달라 여러 가지 요구를 하는 사람도 있겠죠. 음식을 만드는 건 금방 했는데 제대로 된 식사는 오히려 더 늦어지는 거예요.

그렇다고 마냥 사람들의 이야기만 듣고 있으라는 소리는 아닙니다. 어느 정도 이야기를 들었으면 요리를 시작해서 너무 배가 고프기 전에 사람들의 배를 채워줄 수 있도록 결정의 시기에 대한 판단을 스스로 하고 있어야겠죠.

제가 강조하고 싶은 점은 현실 논리에 밀려 허겁지겁 소통을 해치우지 말라는 것입니다. 소통은 그렇게 귀찮은 일을 처리하듯 대충 해서 이뤄낼 수 없는 일이거든요. 성의를 가지고 깊게 고민해야 합니다. 소통을 위한 정식 과정을 만들고 충분한 시간을 들여 들을 수 있도록 일의 프로세스를 구축하라는 뜻입니다. 그러기 위해서는 충분히 듣고, 적절한 시기에 판단하는 계획이 필요합니다.

사실 요즘 소통에 대한 이야기가 많습니다. 제가 굳이 이야기하지 않아도 여러 매체를 통해 커뮤니케이션이 중요하고 소통에 능한 사람이 인정받는다는 이야기를 많이 들으셨을 겁니다. 여기저기서 소통해라, 소통해라 소리가 자꾸 나오는 이유가 뭘까요? 우리는 목이 말라야 물을 달라고 하고 배가 고파야 밥 생각을 합니다. 소통이 부족하니 소통하자고 간곡히 이야기를 하는 것이죠. 아이러니하지만 현실이 그렇습니다.

소통 부족은 웃긴 이야기일 수도 있어요. 요새 스마트폰 많이들 쓰고 계시죠? 스마트폰 안 쓰시는 분도 인터넷 하시고 이메일 주고받으시죠? 컴퓨터를 켜고 클릭 몇 번 하고 자판 몇 번 두드리면 바로 소통을 할 수 있고 웬만한 정보는 다 인터넷에 있는 시대인데, 왜 소통이 부족하다는 걸까요?

저는 진짜 소통과 가짜 소통의 문제로 소통 부재를 이야기합니다. 혹은 껍데기 소통과 알맹이 소통의 차이일 수도 있고요. 마음의 진짜와 가짜는 보통 진심으로 구분한다고 하죠. 진심을 담아 대화를 하면 느껴진다고 하는데, 물론 저는 이 말이 맞는다고 생각해요. 근본은 진심이고 진정성이죠. 내가 정말 저 사람하고 소통하고 싶은 마음이 있다면 무슨 행동이든 하지 않겠어요?

하지만 소통의 송신자도 사람이고 수신자도 사람이잖아요. 하루아침에 없던 진심이 갑자기 생기기도 쉽지 않고, 바쁘고 힘들다 보면 그런 진정성을 항상 붙들고 있기도 솔직히 어렵습니다. 제 이야기를 조금 해볼까요? 어느 날 제가 하루 일을 마치고 퇴근을 했는데 늦은 저녁에 갑자기 전화가 걸려왔습니다. 급한 일이라 통화는 했지만, 하루 종일 일하고 와서 또 일 이야기를 하니 좀 짜증이 났던 모양입니다. 통화 태도가 좀 불손해 보였나봐요. 그 모습을 본 우리 딸이 저한테 "왜 전화를 그렇게 받느냐"며 저를 30분이나 혼냈는데, 저는 아무 소리도 하지 못했습니다.

입으로는 늘 격의 없는 소통을 외치는 저도 어쩔 수 없는 부분이 있었던 거죠. 그래서는 안 되지만 자기도 모르게 실수하고 놓치는 게 사람 아니겠습니까. 또 사람이 진심을 표현한다는 게 애매한 부분이 있어요. 나는 나름 진심으로 다가갔는데 표현력이 부족해서, 스타일이 달라서, 상대방이 그때 마침 기분이 안 좋아서 소통이 잘 안 될 수도 있잖아요. 마음에는 눈금 표시가 없기 때문에 어디까지가 진심이고 어디서부터 가식인지 잘 구분하기 어려울 때도 있어요.

그래서 저는 진짜 소통을 위해 진정성을 먼저 세우되, 그다음으로 보완장치와 안전장치를 마련하자는 것을 늘 강조합니다. 소통을 제대로 하지 않으면 안 되는 원칙이나 제도를 만들어버리는 거예요. 예전에는 회사나 사회에서 출퇴근시간, 복장 등을 규격화해서 통제했죠? 이제 그런 것들은 가능한 한 풀어주고, 소통을 제도화해서 정말 싫어도 소통하게 하는 환경을 만들어야 합니다. 예전처럼 소통을 사람과 사람 사이에 일이니 개인적인 분야로 치부하고 알아서 하게 맡겨버리면, 잘되면 참 좋겠지만 앞서 말씀드린 대로 인간적으로 부딪치는 여러 이유들로 인해 놓치는 부분이 생기고 맙니다. 그만큼 소통이 중요하다는 이야기입니다.

소통의 출발은? 누차 강조하지만 경청입니다.

내 손이 비어 있어야
다른 사람의 손을
잡을 수 있습니다.

유쾌,
상쾌,
통쾌

그런 맥락에서 경청이 필요한 이유를 잘 들여다보면 리더로 성장하고 싶은 사람이 해야 할 일을 구체적으로 파악할 수 있어요. 시의원이 되어 시를 이끌고 싶은 사람을 예로 들어볼까요? 예전에는 가능한 한 많은 권력을 갖고 정보를 독점하면 그게 능력이었습니다. 그도 그럴 것이 시민들은 고급 정보를 가지고 있지 않으니 자기만 알고 있는 정보를 필요에 따라 조금씩 공개하거나 왜곡하면서 권위를 세우기 쉬웠으니까요.

지금은 다르죠. 시민들도 필요한 정보는 다 알고 있기 때문에 단순히 내가 정보를 안다는 사실만으로는 능력을 인정받기 어려워졌습니다. 이제는 이미 알려진 정보를 되풀이해서 말하는 게 아니라 그 정보에 숨겨진 이면을 분석하는 정보 해독 능력이 중요해졌어요. 예전에는 "여러분, 이 사실을 아십니까?"라고 말했다면, 지금은 "여러분, 이 사실의 진짜 의미를 아십니까?"라고 말해야 하는 것이죠. 전달자가 아닌 해설자의 역할이 이 시대 리더가 해야 할 임무입니다. 전달은 그저 말을 하기만 하면 끝이죠. 하지만 해설을 하려면 듣는 사람의 입장과 수준을 고려한 맞춤 소통이 필수입니다.

경청이 필요한 이유를 보면 리더십의 방향도 보입니다. 정보가 불균등한 상황에서 시민은 소위 우민愚民일 수밖에 없죠. 하지만 이제 정보의 창고가 밀실에서 광장으로 바뀌었습니다. 리더가 "이렇다"라고 말하면 예전에는 모두 고개를 끄덕였죠. 지금은 "내가 알기로는 그게 아닌데?"라고 말할 겁니다. 자연히 그 수많은 차이들을 조정하고 조율할 수 있는 리더십이 강조되는 시점입니다.

우리 사회에는 소통을 가로막는 장벽이 산재해 있어요. 한곳만 바라보며 급속도로 성장한 산업화의 여파로 우리 사회에 토론 문화가 정착할 만한 시간적 여유가 없었습니다. 토론이 무엇인지 모르니 자기 주장을 큰 소리로 외치는 게 전부이기 쉽죠. '벽에 대고 말하는 것 같은' 답답함이 도처에 깔려 있습니다. 이 어려운 상황 속에서 경청의 자세로 토론 문화를 정착시키고, 진정한 소통의 철학을 지니고 한 발짝씩 나아가는 것이 이 시대를 살아가는 사람들이 짊어져야 할 일입니다.

표현이 조금 무거워졌는데요, 알고 보면 소통은 정말 재미있는 일입니다. 말하기와 듣기를 일방적으로 생각하면 재미가 없어요. 그렇지만 내가 말한 것을 듣고 상대방이 내 말에 자기 생각을 얹어 이야기를 하고, 상대방의 말에 다시 내 생각을 얹어 새로운 무언가를 만들어내는 과정 자체가 놀이이자 창조입니다. 내가 할 말만 하고 내가 듣고 싶은 이야기만 듣는 것보다 신나는 일인 건 분명합니다.

아이디어는 소수의 과학자나 발명가, 천재들이 만들어내는 게 아닙니다. 천재라 불리는 사람의 상당수는 완벽한 창조를 해내는 사람이라기보다 이미 있는 것을 잘 조합해내는 사람이었죠. 순수한 아이디어는 난상에서 나옵니다. 자유롭게 이야기해도 모욕당하지 않고, 그 엉뚱함에 신나게 웃을 수 있는 분위기가 새로움을 가져오고 혁신으로 이어집니다. 그 재기발랄함을 마음껏 즐길 수 있는 권리를 경청으로 선물받으십시오. 저만 재미있기 싫어서 제가 느낀 재미를 여러분과 나누고 싶습니다.

경청하고, 소통하고, 유쾌, 상쾌, 통쾌하시길!

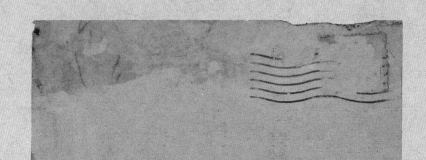

자기 생각을
관철하기 위해 하는 소통?
그런 소통은
액세서리에 불과하죠.

세상 누구든
나의 스승

저는 세상 어느 곳에서든 배울 것이 있다고 믿는 사람입니다. 롤모델을 꼽아달라면 잠깐 머뭇거리게 되는 것이, 세상 모든 사람이 제 스승이 될 수 있기 때문이죠. 그렇다고 구체적인 대상을 알려달라는 질문에 "누구나 제 스승입니다"라고 하면 좀 성의 없어 보이기도 하고요. 그래서 그런 질문을 받으면 한 분만 꼽기 어렵고 모두를 칭하긴 막연하니 분야별로 존경하는 분을 여러 명 짚어보는 방법을 취하기도 합니다. 인간을 가르쳐주신 분, 마음을 가르쳐주신 분, 방식을 가르쳐주신 분……

예를 들어 삶의 결과보다 과정이 중요하다고 가르쳐주신 분은 제가 다녔던 경기고등학교의 영어선생님이었어요. "항상 정을 가지고 살아라"라고 말씀하시며 당신 월급으로 가난한 학생들의 등록금을 소소하게 대주기도 하셨죠. 베풂의 크기가 중요한 게 아니라 끊임없이 남을 아끼는 마음으로 살아가는 과정이 중요하다는 걸 그때 배웠습니다.

감옥살이를 하면서도 배울 점이 있더군요. 어떤 희망도 발견하기 어려운 삶의 가장자리에서도 씩씩하게 살고 내일을 기약하는 수감자들을 보면서 가장 절망적일 때도 희망은 있다는 걸 깨달았습니다. 배움에 끝이 없다는 걸 알려주신 분은 칠순의 나이에 프랑스어를 배우시던 펜실베니아 대학 인류학 교수 Mr. Bob이었고요. 대통령보다 더 중요한 리더십이 세상 도처에 있음을 남해 작은 마을의 김주성 이장님께 배우기도 했습니다. 탁월한 상상력과 포용력이 세상을 바꾼다는 건 조영래 변호사님으로부터, 사소하지만 목숨을 걸어야 되는 일이 있다는 건 꼬장꼬장한 기인 한창기 님으로부터 배웠죠. 계속 쓰면 끝이 없을지도 모르겠습니다.

그중에 제가 빼놓지 않고 언급하는 분이 저희 부모님입니다. 제게 사회를 대하는 가장 중요한 태도를 가르쳐주셨죠. 저희 부모님은 초등교육도 제대로 받지 못하시고 촌로村老로 평생을 사셨습니

다. 지식은 부족할지 모르지만 누구보다 깊은 지혜로 세상을 바라
보신 분들입니다.

하루는 어머니와 같이 잠을 자는데 어머니가 가물가물 잠꼬대
를 하시는 겁니다. 저는 어디 몸이 안 좋으신가 해서 일어나 귀를
기울였지요. 그런데 어머니가 뭐라고 잠꼬대를 하셨는지 아세요?
"저 많은 사람들이 다 어찌 먹고사노… 먹고사노…" 하며 다른 사
람들 먹고사는 일을 걱정하시는 겁니다. 우리 사회를 이끌어가는
사람들 중에 이런 일로 잠꼬대하는 사람이 몇이나 있을까요?

저희 집은 무척 가난했지만 집에 사랑방을 따로 마련해놓고 있었
어요. 잠잘 곳이 없는 사람이면 누구나 와서 잘 수 있게 해놓은 것이
죠. 우리 가족은 조금 불편하고 부족했을 수 있지만, 부모님은 늘 당
연하다는 듯이 그런 일들을 하셨습니다. 저희 부모님만 그런 게 아
닙니다. 당시 대다수 어르신들이 자기 자식만 챙기지 않고 적어도 내
손 닿는 범위 안에서는 굶는 사람이 없어야 한다고 철석같이 믿고
사셨어요. 〈한오백년〉이라는 민요에 '동정심 없어 나는 못살겠네'라
는 구절이 나오는 게 우연이 아닙니다.

어느 순간부터인가 저는 '우리'를 생각하는 삶의 태도를 당연한

것으로 알고 인생을 살게 되었습니다. 그렇게 되니 이 세상이 어떻게 돌아가는지 궁금해지고, 누구나 누려야 할 당연한 것들을 누리지 못하는 사람들은 누구인가에 대해 관심을 갖게 되더군요.

대학에 입학했을 때 저를 사로잡은 말이 루돌프 폰 예링의 『권리를 위한 투쟁』에 나오는 '법의 목적은 평화이고 거기에 이르는 과정은 투쟁이다'라는 문구였던 이유도, 인권변호사가 되고 시민운동을 하면서 세상과 끊임없이 부딪친 이유도, 당연히 그래야 하는데 그러지 못하는 불합리가 이상하다고 본능적으로 느꼈기 때문이겠죠. 또 그런 일들을 해나가는 동력을 제 안에서가 아닌 이 사회의 사람들이 다양하게 참여하는 싱크탱크에서 찾은 것도 모든 일은 함께 가야 한다는 분명한 판단이 있었던 까닭이고요. 행정가가 된 지금도 마찬가지입니다. 정치란 사회를 향한 헌신이자 내가 비를 맞을지라도 다른 사람은 비 안 맞게 하는 공동체 정신이라 생각합니다.

시대를 바라볼 필요성을 깨닫고, 세상이 경청의 자세를 요구한다는 점을 배우고 나니 훌륭했던 분들 중에 듣기를 잘하셨던 분이 누구일까 궁금해졌습니다. 그래서 찾아봤는데 생각보다 아주 쉽게 찾을 수 있었습니다. 우리 역사 속 훌륭한 위인을 꼽으면 빠질 수 없는 분, 바로 세종대왕입니다.

'서울시민이라면 누구라도 어느 수준의 존엄은 보장되는 삶을 누려야 합니다'라는 뜻을 담고 있는 '서울시민 복지기준', 2013년 유엔공공행정대상을 받았습니다. 그런데 '서울시민 복지기준' 역시 시민 여러분께서 '소통의 힘'으로 만드셨어요. 1천 명의 시민 원탁회의, 162회 이상의 회의, 서울 복지 메아리단까지, 행정의 명작은 시민의 힘으로 가능합니다.

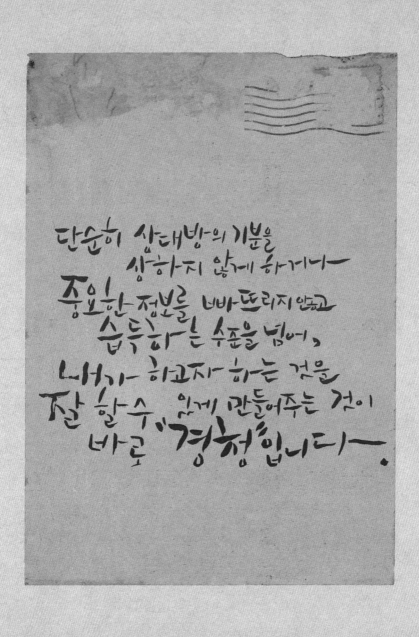

단순히 상대방의 기분을
상하지 않게 하거나—
중요한 정보를 놓치지 않고
습득하는 수준을 넘어,
내가 하고자 하는 것을
잘 할 수 있게 만들어주는 것이
바로 경청입니다—.

빅이어 ^{BigEar}
리더십

우리가 세종대왕을 떠올릴 때 보통 한글 창제를 이야기하죠? 저는 세종대왕의 다른 면모에 주목해볼까 합니다. 세종대왕이 우리나라 역대 임금 중에 신하와 백성을 아우르는 뛰어난 소통 능력의 소유자였으며, 누구보다 경청하는 임금이었다는 점은 여러 학자들과 문헌이 인정하는 사실입니다. 우리나라 최고의 임금이 소통의 달인이었다는 게 우연일까요?

세종은 조선시대, 아니 어느 시대의 왕과도 아주 달랐습니다. 신하들의 의견을 청해 듣는 것을 마다하지 않았고, 어전회의에는 항상 자신의 의견에 반대하는 사람을 일부러 불러 뜻을 확인했다고 합니다. 또 신하들끼리 토론을 할 때도 꼭 입장이 다른 사람들을 함께 불러다놓고 격렬하게 토론하게 했습니다. 그러면서 전반적인 회의의 균형을 잡아줄 수 있는 사람을 배치해 내용을 정리하게 하고, 마지막이 되어서야 자신의 의견을 밝혀 결론을 내렸습니다.

신하들을 다그쳐 자신이 원하는 방향으로 결과를 이끌어내기보다는 집현전 학자들에게 과제를 던져놓고 기다리는 타입이었다고도 하고요. 세종은 신하들과 마주 앉으면 언제나 "경들의 의견은 어떠한가?"라고 말했습니다. 그리고 "어떻게 하면 좋겠는가", "잘 의논하여 말하라"며 신하들의 토론 참여를 적극 유도했습니다. 단순한 사안도 쉽게 결정하지 않고 신하들의 토론과 직언에 귀를 기울였고요. 신하들이 눈치를 보며 대세에 따라가려는 모습을 보일 때면 이를 마땅치 않아 했습니다. 자기 말에 따르지 않는다고 꾸짖지 않았고, 오히려 직언을 하지 않고 토론하지 않는다고 타박을 했습니다.

지금으로 말하면 비록 무사하고 평안하다고 하나 옛날에 미치지 못함이 분명하다. 그런데 아직 과감한 말로 면전에서 쟁간하는 자를 보지 못하였으며 또 말하는 것이 매우 절실 강직하지 않다. 어째서 지금 사람은 옛사람 같지 못한가. (『세종실록』 중)

내가 의논하도록 명령한 일은 서로 논박하면서 각기 마음속에 쌓인 바를 진술하면서도 육조의 상신하는 일은 뇌동하여 계달하면서 아무런 다른 의논이 없는 것은 무슨 이유인가. (『세종실록』 중)

『세종실록』의 기록을 보면 상황을 있는 그대로 보고 쓴소리도 마다 않는 인재를 훌륭하게 생각하는 마음이 그대로 드러나 있죠.

세종이 어전회의에 임하는 태도를 보면 그 꼼꼼함과 회의를 잘 이끌고자 하는 진심이 느껴져 깜짝 놀랄 정도입니다. 요즘도 회의 중에 어떤 사람의 말이 너무 길고 장황해 당황스러울 때가 있잖아요? 말 잘하는 사람이 현학적으로 말을 막 쏟아내다가 회의가 산으로 가는 일이 꽤 흔하죠. 세종도 똑같은 고민을 했던 모양입니다. 그런 사람에 대처하기 위해 해당 의제에 관련된 실무자를 배석시켜 말을 시작한 사람이 말을 이어가다가 회의의 본질을 잊으면, 그 실무자가 당면 문제가 무엇인지 정확히 밝혀주도록 하는 제도를 만들기도 했습니다.

세종은 신하들에게 묻는 걸 넘어 백성에게 묻는 것도 마다하지 않았습니다. 전쟁을 하기 전에 시골에 있는 선비들에게 방을 내려 전쟁을 하는 게 옳은지, 한다면 병력은 어느 정도나 해야 할지 의견을 게재하라고 명했습니다. 그 명에 따라 수백 명이 의견을 적어 올리면 그것을 전부 읽고 전쟁의 가부를 결정하고 전쟁에 관한 의견 중 옳은 것을 추려 모두 시행했다고 해요.

토지제도를 시행할 때 나타난 세종의 방식은 경청의 자세를 잘 보여주는 대표적인 사례입니다. 많은 사람들의 이해관계가 달려 있고 부패의 여지가 있는 토지제도를 건드리면서 세종은 무척 신중했습니다. 먼저 과거시험에 토지제도와 관련된 문제를 내서 지식인들의 의견을 수렴했고, 그다음에는 여론조사를 했습니다. 조선시대에 여론조사라니, 상상하기 힘든 일이죠? 아마 우리나라 역사상 최초의 여론조사였을 겁니다. 양반과 농민 가리지 않고 의견을 물었다고 해요.

전라도에서 수령 42명과 품관, 촌민 등 2만 9505명은 모두 가可하다고 말하고, 관찰사 신개, 도사 김치명, 수령 12명과 품관, 촌민 등 257명은 모두 불가不可하다고 하옵는데… (『세종실록』 중)

그런 다음 1가구 1표 원칙으로 국민투표까지 실시했습니다. 이런 식으로 무려 15년에 걸쳐 의견수렴과 여론조사를 한 끝에 재임 후기가 되어서야 일부 지방에서 토지제도가 먼저 실시되었고, 완전히 정착한 건 후대인 성종 때였다고 하죠. 이외에도 주요한 국가 정책에서 신하와 백성의 말을 들으려는 세종의 노력은 역대 조선 왕 중에 최고로 길다는 『세종실록』에서 끊임없이 찾아볼 수 있습니다. 그런 이유로 실록에서는 세종을 두고 '낙어토론樂於討論'이라는 표현을 썼습니다.

임금이라는 위치에 있는데다 머리가 좋고 아는 것도 많다면 굳이 남의 이야기를 하나하나 들을 마음을 갖기가 쉽지 않습니다. 지적 리더십이 뛰어난 사람들은 현학이나 독단의 길을 걷기가 쉬워요. 자기만이 표현해낼 수 있는 어려운 말로 존재감을 드러내고 자기가 발견한 유일한 길로 성큼성큼 걸어가기 바쁘죠. 그러나 당대 최고의 지성이었던 세종은 스스로 자세를 낮춰 진정 옳은 판단을 하기 위해 말을 아낀 채 경청하고 또 경청했습니다.

참 대단하지요? 그때가 전제군주 시대였다는 점을 상기한다면 더욱 그러합니다. 한글 창제, 측우기·앙부일구·자격루 등의 발명, 4군 6진 개척, 대마도 정벌 등 세종의 여러 업적도 그러한 경청의 결과가 아닐까 싶습니다. 이 시대가 요구하는 가치가 경청이라면, 세종은 한글만큼 중요한 삶의 태도를 우리에게 전달하고 있는 셈입니다. 모두가 세종처럼 위대한 군주가 될 수는 없습니다. 저도

그렇지요. 그런 열린 토론을 하지 못하고 있으니까요. 그러나 그의
방식은 얼마든지 배울 수 있습니다. 세종처럼, 경청합시다!

우선 리더든 팔로워든,
각자의 위치에서 자신의 역할을
제대로 수행하려면
어떻게 해야 할까요?
저는 자신이 처한 기대를
올바로 바라볼 수 있는 능력이
가장 기본이라고 생각합니다.

경청의
10원칙

왜 잘 들어야 하는지 이야기를 풀어봤으니 지금부터는 구체적으로 어떤 식으로 경청을 해야 하는지 살펴보아야겠죠? 제가 생각하는 경청의 원리들은 사실 그렇게 특별하지도 않고, 제가 독창적으로 만들어낸 것도 아닙니다. 지금까지 많은 분들이 실천해오셨고 다른 여러 책에도 적혀 있는 고금의 진리죠. 이 원리를 구구단처럼 외우는 게 중요한 것이 아니라, 어떻게 내 삶에 대입해서 제대로 실천하며 내 것으로 만드느냐 하는 것이 중요합니다.

커뮤니케이션과 관련된 책을 읽어보면 몸을 앞으로 숙여라, 적절한 단어로 맞장구를 쳐라 등 자세나 언어에 관한 요령들을 구체적으로 가르쳐주기도 합니다. 그런 기술적인 요인도 알고 있으면 좋겠죠. 그렇지만 역시 중요한 건 나 자신입니다. 이 글을 다 읽고도 어떻게 경청해야 할지 모르겠다면, 자기 자신에게 질문해보세요. 나는 다른 사람이 어떤 식으로 내 말을 들어줄 때 기쁜가? 어떤 반응을 취하고, 어떻게 반문하고, 어떻게 공감해줬을 때 행복했는가? 이제까지 대화의 기억들을 되짚어보면 그 안에서 답을 찾을 수 있습니다!

1원칙 : 말을 음미하라

독자 여러분 가운데 술을 좋아하시는 분들도 계시겠지요? 나쁜 술은 벌컥벌컥 마시고 취해버리면 그만이지만 좋은 술은 입안에 담아 오래 음미할수록 깊은 맛이 난다고 하죠. 그런데 좋은 술이든 나쁜 술이든 무조건 들이붓는 사람이 있어요. 이런 사람은 술을 제대로 마실 줄 모르는 거죠. 말도 마찬가지입니다. 말도 곰곰이 되짚어보면 급히 넘길 때는 몰랐던 맛이 있습니다. 그 맛은 달콤하기도 하고 씁쓸하기도 합니다.

소통이라는 건 단순히 정보를 주고받으려고 하는 게 아닙니다. 옛날 공중전화부스에 쓰여 있는 대로 '용건만 간단히'가 아니라는 뜻이죠. 대화를 해보면 사람의 말에 꼭 필요한 정보만 효율적으로 들어 있지 않습니다. 잡다한 사설과 신세한탄에 집중하다 정작 중요한 말은 빼먹기도 해요. 그런 맥락을 다 경험해가며 서로에 대해 알아가는 게 대화이고 소통입니다.

'척하면 척'이라는 말이 있죠. 빨리빨리 핵심을 알아챈다는 뜻인데 소통에서는 그렇게 좋은 말이 아니라고 생각해요. 한국말은 끝까지 들어야 한다는 얘기도 있잖아요? 몇 마디에서 상대방의 진심을 다 들었다고 생각하지 말고 끝까지 신중하고 차분하게 이야기를 들으십시오. 중요한 건 상대방이 나에게 하고 싶은 말을 충분히 했다는 느낌을 받는 겁니다.

그래서 경청의 출발은 인내심입니다. 내가 무슨 말이 막 하고 싶고 다른 사람의 말을 들을 여유가 없으면 주의 깊게 남의 이야기를 들을 수가 없죠. 정말 소통이 하고 싶다면 잡다한 사설이 길어져도, 내가 원하는 이야기가 금방 나오지 않아도 기다려야 합니다. 상대방이 나에게 이런저런 이야기를 털어놓고 싶은 마음을 헤아리지 못해 딴청을 피우거나 말을 끊으면 좋은 소통이 될까요?

특히 높은 직위에 있는 사람일수록, 나이가 많은 사람일수록 아랫사람, 젊은이와 대화할 때 그런 부분에 신경을 많이 써야 합니다. 아랫사람이 나에게 어떤 이야기를 해준다면 고맙게 생각해야 해요. 윗사람에게 말을 한다는 것 자체가 쉬운 일입니까? 용기를 내서 이런저런 이야기를 해보려는데 상대가 제대로 들어주지 않으면 다시는 나에게 말을 걸지 않을 겁니다. 스스로 굴러온 소통의 기회를 걷어차면 안 되죠.

제가 '현장시장실' 같이 현장을 찾아가 직접 주민을 만나는 일을 해보면 어떤 분들은 시장을 만난 것이 반가워 자기 사연을 하나하나 풀어내시는 분도 있어요. 시장이라는 직위가 조금 바쁘다 보니 저보다 주변에서 안절부절못하며 이야기가 끝나길 기다리는데, 저는 가능한 한 그분들 이야기를 끝까지 들으려고 노력합니다. 정리되지 않은 말도 많고 때로는 못 알아듣는 이야기도 있죠. 그렇지만 중요한 건 시민이 시장에게 하고 싶은 말을 다 했다는 것, 내 이야기를 시장이 다 들어줬다는 것 아니겠습니까. "임금님 귀는 당나귀 귀"라고 외치지 못해 병이 났던 사람의 이야기에서 보듯, 하고 싶은 말이 있을 때는 혹 털어놔야 시원합니다.

2원칙 : 경청을 제도화하라

앞서 말씀드렸죠? 진정성 있게 들으려고 해도 현실적인 여건이 따라주지 않을 때가 있습니다. 몸이 피곤해서 그럴 수도 있고, 내

귀는 두 개인데 들어야 할 소리는 너무 많아서 경청하기 힘들 때도 있어요. 소통에 게을러지려는 스스로를 다그치고, 듣기를 도와줄 수천수만 개의 귀를 만든다는 의미에서 경청을 제도로 만들자는 겁니다.

제도라고 하니까 너무 거창하게 생각하실 수도 있는데요, '들은 이야기를 메모하기' 정도만 해도 훌륭한 제도가 될 수 있어요. 메모를 하려면 어떻게 해야 하죠? 잘 들어야 받아 적을 수가 있잖아요. 혼자서 할 수 있는 훌륭한 규칙이죠. 자기가 처해 있는 상황과 집단의 규모에 맞게 어떻게 하면 잘 들을 수 있을지 생각해보고 작은 약속이라도 만들면 그게 제도입니다.

서울시 같은 경우는 서울시민 1천만 명의 소리를 들어야 하기 때문에 청책토론회를 비롯해 여러 가지 경청의 제도들을 만들어놓고 있습니다. 어떤 것들이 있는지는 뒤에서 좀 더 자세히 설명할 텐데요, 강조할 부분은 듣기로만 끝나서는 안 된다는 거죠. 왜 듣습니까? 서울시의 입장이라면 시민의 이야기를 들어서 실제 서울의 시정에 반영하기 위해서입니다. 제대로 된 경청 제도라면 경청을 통한 실행이 전제되어야 합니다. 즉 제도를 설계할 때는 나, 혹은 우리 단체가 왜 듣는가에 대한 고민을 하고 그 근본적인 이유와 연결되는 시스템을 만들어야 한다는 뜻입니다.

그게 안 되면 폼만 잡고 끝나는 격이죠. 서울시의 상황을 예로 들어볼게요. 시민의 의사를 반영한다는 건 결국 의사결정과정에 시민을 참여시키는 개념입니다. 예전에도 시민의 의사를 존중해 정책을 시행하기 위한 여러 가지 제도가 있었습니다. 시민의 뜻에 따라 시정이 돌아가야 된다는 건 당연한 일이니까요. 그런 제도가 있고 시행도 됐지만 시민의 의견이 잘 반영됐나요? 시민의 의견보다는 공무원의 판단과 편의에 따른 선택이 많았죠. 공무원들이 밀실에서 중요한 결정은 다 내려놓고 시민들에게 설명하는 식의 행정을 시민과의 소통이라 착각했던 건 아니었을까요?

설명을 소통이라고 생각하는 사람도 있어요. 설명은 내가 말하는 것이지 듣기가 아니죠. 어느 한쪽이 일방적으로 관철시키려고 하면 소통이 되지 않습니다. 그리고 결정된 이야기를 들으면 듣는 사람은 별로 할 이야기가 없어요. 그 과정을 모르니까 질문을 해도 뜬구름 잡는 소리밖에 할 수 없기도 하고요. 이해관계자를 어느 시점에서 참여시키는가가 그래서 중요한 겁니다. 의제 설정에서부터 참여하느냐, 배제하고 결과를 설명하는 식으로 소통하느냐에 따라 겉으로 보기에는 똑같은 행정절차인 것 같지만 그 안을 들여다보면 어마어마한 차이가 생기는 거죠.

물론 공무원들 입장에서는 더 힘들어졌다고 할 수도 있습니다. 예전에는 자기들끼리만 마음을 맞추면 됐는데 시민들의 입장을 다 고려해서 진행을 해야 하니까요. 계획을 세우는 시간 또한 길어졌습니다. 하지만 그만큼 시민이 원하는 방향으로 일이 이루어질 확률은 높아지겠죠?

3원칙 : 편견없이 들어라

편견없이 듣는다는 건 마음의 문을 열고 들으라는 말입니다. 선입견을 갖지 말자는 말과도 상통하죠. 먼저 판단한다는 건 어떻게 생각하면 무서운 일입니다. 어항의 크기만큼 자라는 물고기가 있다고 하죠. 내가 어떤 생각의 틀로 그 사람이나 그 사람의 의견을 미리 재단하면 내 생각 이상으로 들을 수가 없습니다. '저 사람은 시시한 사람이니까 저 사람이 하는 말은 별것 없겠지', '저 분야는 내가 해봤으니까, 내가 잘 아니까 굳이 내가 세세하게 들을 필요가 없겠지' 하는 생각들이 모이면 건질 수 있는 이야기는 사라집니다. 성장이 없고 도돌이표의 무한반복이죠.

안다는 것은 무엇이고 해봤다는 건 무엇일까요? 세상은 내 경험의 틀로 재단할 수 없는 무수한 변수들로 가득합니다. 세상은 얼마나 복잡하며 인간은 또 얼마나 복잡한 존재인가요. 그 수많은 경우의 수 중에서 한두 가지를 내가 안다고 해서 전체를 안다고 할 수 있을까요? 모든 결과를 예측할 수 있을까요? 그렇게 생각한다면 무척 오만한 겁니다.

내가 어떤 일에 대해 미리 판단하려고 하는 모습이 자꾸 나타난다면 이렇게 생각하시면 됩니다. '아, 내가 요새 공부가 부족했구나.' 세상의 진리란 파면 팔수록 어렵고, 공부는 하면 할수록 쉽지 않습니다. 많이 알지 못하기 때문에 다 안다고 생각하는 겁니다. 역사 속 수많은 리더들이 오만의 함정을 벗어나지 못해 잘못된 선택을 했고, 그 선택으로 그 리더가 이끄는 사회나 집단이 측정 불가의 피해를 입어왔습니다. 자기 나름의 시선을 가지고 자신감 있게 리더십을 발휘하는 건 좋습니다. 하지만 그와 동시에 늘 모른다고 생각하고 자신이 잘 아는 분야일수록 다른 사람의 이야기에 더 귀를 기울이십시오.

그리고 결과적으로는 듣기를 통해 다른 의견이 어느 정도 납득이 되었다면 내 고집을 꺾을 줄 알아야 합니다. 말 몇 마디 듣자마자, 혹은 말은 하기도 전에 저 사람의 말은 틀렸다고 생각하면 내 생각을 바꿀 수가 없어요. 그런 일이 반복되면 나를 설득하는 사람도 줄어들고 외로운 사람이 되는 겁니다. 외로워지지 않기 위해서라도 마음으로 들으십시오.

4원칙 : 효율적으로 들어라

이왕 듣는다면 제대로 들어야겠죠? 제가 선호하는 토론 방식은 가능한 선에서의 '총출동'입니다. 숨길 것이 없고 왁자지껄함을 굳이 피하지 않겠다면 듣고 싶은 사안에 대해서는 모든 사람이 참여하도록 만드는 데 아낌없이 시간을 투자하세요. 정말 필요한 사람이라면 쫓아다녀서라도 그 자리에 나오도록 하세요. 모든 사람이 모여서 제각기 하고 싶은 말을 하면 그 일의 문제점과 해결점이 한번에 나올 수 있습니다.

다시 말해 필요한 모든 이야기를 들을 수 있는 상황을 조성하라는 뜻입니다. 그러려면 그 문제에 대해 적극적으로 발언할 수 있는 적절한 인물들, 당사자가 누구인지에 대한 판단이 있어야 하겠죠. 적극적으로 발언하는 것이 중요하다는 동기부여를 통해 참여자들이 활발하게 말할 수 있도록 하는 것도 중요합니다. 내가 들어야 하는 이야기의 핵심이 무엇인지 알고 있고, 왜 소통이 필요한지 정확히 이해해야 해낼 수 있는 일이기도 하죠.

서울시의 명예부시장 같은 제도는 효율적으로 듣기 위한 방법 중 하나입니다. 시민을 행정의 핵심에 깊숙이 참여시켜 시장이 어떤 일을 하는지 알게 하고, 그에 맞춰서 발언할 수 있도록 유도하는 장치인 거죠. 시장이 하는 일을 직접 경험해본 사람들은 자신들이 생각했던 것과 시장이 할 수 있는 일 사이의 지점을 찾아내서 이전보다 훨씬 정확하게 필요한 이야기를 할 수 있습니다.

길게 듣는 것이 결국은 효율적입니다. 요즘 서울시는 하나의 정책이 결정되기까지 수십 번, 수백 번이 넘는 협의의 과정을 거칩니다. 공무원들 사이에 결재 절차가 늘어서 그런 것은 아닙니다. 결정에 참여하는 인물들이 늘어난 까닭이죠. 예전에는 시청 안에서 담당 직원 몇 명이 결정했던 일을 시민과 전문가가 모두 참여해 논의를 하니까요. 당장은 과정이 길기 때문에 진행이 잘 안 되는 것처럼 느껴질 수도 있어요. 하지만 막상 일이 시작된 후에 불만이 터져 나오면 수습하기가 어렵습니다. 충분히 협의하면 매끄럽게 실행할 수 있고, 그만큼 확실한 결과가 나타납니다. 모두가 합의한 사안이므로 일이 일사천리로 추진됩니다. 이후에 벌어질 수 있는 갈등이 눈에 띄게 줄어드는 건 당연한 일이고요. 서울시가 과거보다 조용해졌다는 말을 많이 듣게 되는 이유입니다.

5원칙 : 반대자의 의견을 들어라

사람은 누구나 어떤 입장과 의견을 갖게 되어 있습니다. 찬성이 있으면 반대가 있죠. 아주 단순한 사실인데 현실에서 만나면 감당하기가 쉽진 않아요. 책을 읽어 머리로 '다름'과 '틀림'의 차이는 알 수 있습니다. 그런데 막상 내가 옳다고 믿는 것에 정면으로 반대하는 사람이 나타나면 어떤가요? 감정이 올라오거나 심하게는 그 사람의 인격까지 의심하면서 자기 주장을 보호하고 싶어집니다. 혹은 '더러워서' 그 자리를 아예 피해버리는 수도 있고요. 가장 좋지 않은 게 아예 그런 자리에 가지 않는 겁니다. 자기 입맛에 맞는 지지자들이 모여 있는 곳에서 당연하다는 말투로 발언하고 당연하게 박수받는 것에 만족해버리고 말죠.

우리 사회의 많은 갈등과 실수들은 나와 다른 세계를 고려하지 않는 것에서 비롯됩니다. 분명히 다른 입장이 존재하는데 인정하지 않거나 무시하는 거예요. 그러다가 편을 갈라 싸우거나 꼭 체크해야 할 부분을 놓쳐 결국엔 자신이 목적했던 것마저 달성하지 못하곤 합니다.

서울시에는 '숙의'라는 제도가 있습니다. 이 자리에서는 어떤 사안에 대해 찬성과 반대 입장을 가진 사람들이 모두 모여 이야기를 합니다. 광화문 침수를 둘러싸고 대심도를 뚫자는 측과 빗물순환 도시의 관점으로 문제를 풀자는 측이 팽팽하게 맞섰습니다. 양쪽의 입장을 대표하는 분들을 시장실로 불러 서로 논쟁을 하게 했습니다. 두어 시간 가만히 들어보니 전문가가 아닌 저로서도 어찌해야 할지 판단이 섰습니다. 최종 결정권자인 저의 판단과 결단에 자신이 없을 때 자주 활용하는 것이 숙의 제도입니다.

같은 의견을 가진 사람들끼리만 모이면 자기들끼리 박수치고 응원하는 바람에 일 전체가 잘못된 방향으로 갈 수 있어요. 일부러 입장이 다른 사람들을 불러 모읍니다. 치고받는 의견 충돌이 벌어지겠죠. 괴로울 수도 있습니다. 그러나 그 과정을 거치면 결과적으로는 일이 잘되기 위한 최상의 방향이 무엇인지 감을 잡을 수가 있는 것이지요.

제 집무실에는 '쓴소리단'이라는 이름의 파일이 있습니다. 제 잘못을 꾸짖고 나무라는 내용만 골라서 모아놓은 회초리 같은 자료죠. 제가 싫은 소리 들은 것을 복수하려고 그 말을 모두 모아놨을까요? 그 싫은 소리들이 제 일의 균형을 잡아준다는 신념에서 일부러 챙겨보려고 만들었습니다. 전문가들을 불러서 서울시 정책을 평가하게 하되, 절대 칭찬은 하지 말자는 시간도 가졌습니다. 억지

로라도 결점을 짚어 말하라는 거죠. 그 길이 한 발자국이라도 완전무결로 가는 지름길입니다.

제가 시장이 되고 나서 시청 앞에 '여보세요'라는 조형물을 하나 만들었어요. 시민의 목소리를 듣겠다고 만든 커다란 귀 모양인데요, 실제로 거기에 대고 말을 하면 해당 부서로 전달되는 기능이 있었죠. 그런데 어떤 시민이 차로 들이받는 바람에 이 귀가 망가져 버렸어요. 서울시가 하는 일이 마음에 들지 않아서 그러셨다고 하더군요.

저는 그 소식을 듣고 그 망가진 조형물을 절대 고치지 말라고 했습니다. 대신 거기에 이 귀가 망가진 사연을 적고 앞으로 더 열심히 이야기를 적겠다고 써 붙였어요. 경청에 대해 제가 강조하고 싶은 태도가 이런 것이죠. 차로 들이받는 듯한 거친 목소리라도 들어야 하는 것이고, 가장 극렬한 반대는 또다른 가능성일 수 있다는 겁니다.

제가 이렇게 이야기하니까 마치 성인군자의 탈을 쓴 것만 같네요. 서울시 입장에서 이런 것들이 즐거운 일은 아닙니다. 사람이니까요. 저도 열심히 준비했고 이건 좀 찬성해줬으면 좋겠다 싶은 일에 대해 다른 사람이 하나하나 반박하고 딴지를 걸면 솔직히 스트레스를 받기도 합니다. 그래도 어쩌겠습니까? 내가 옳다고 믿는 일도 다른 입장에서 보면 충분히 문제가 있을 수 있죠. 그러면 들어야 하고, 그 사람이 우려했던 부분을 잘 대비한 덕분에 내 일이 더 잘될 수 있는 겁니다.

다만 한 가지 명심해야 할 부분은 이겁니다. 반대든 찬성이든, 그 자리에 임하는 사람의 태도가 정말 토론을 할 자세가 되어 있는지 판단해야 해요. 자신을 드러내려고 어떤 입장을 의도적으로 취하거나, 반대를 위한 반대를 하거나, 이 일의 목적과는 다른 흑심을 품고 전략적으로 위치 선정을 하는 사람들을 구분해낼 수 있어야 합니다. 물론 그런 구분을 단번에 해내기란 쉽지 않죠. 그러면 어떻게 합니까? 답은 똑같습니다. 무조건, 일단 들어야죠.

6원칙 : 두려워하지 말고 그들의 가운데로 들어가라

때로는 대화와 소통이 두려울 때가 있습니다. 상대가 몹시 화가 나 있거나 불신이 극도에 달했을 때, 대화의 통로가 막힙니다. 대화와 토론을 하는 와중에 고성이 오가고 폭력으로 치달을 수도 있습니다. 특히 관공서와 민원인 사이에 갈등이 커지면 대화는 불가능해지고 그럴수록 오해는 증폭되고 폭력에 의지할 가능성이 높아집니다.

서울시에도 이런 집단민원과 대규모 갈등이 적지 않습니다. 제가 취임한 이후만 해도 서울 시내 전역에서 아수라장을 연출한 뉴타운 찬반 갈등, 용산 국제업무지구 갈등, 목동 야구장의 소음 갈등 등 끝이 없었습니다. 최근에도 서초구 아우디 정비공장 건축 문제, 제물포터널 건설 관련 여의도 주민들의 반발 등 여러 사안이 불거지고 있습니다.

만약 이런 갈등 사안에 대하여 일방적으로 무시하거나 성의 없는 태도를 취하면 문제는 더욱 커지고 수습 불능의 사태로 번지거나 더 큰 사건사고로 이어졌을 것입니다. 용산 철거민 참사가 바로 그 상징적인 예가 되겠지요.

이런 사안이 있을 때는 사태를 정확히 파악하고 대화의 자리를 마련해 충분히 경청하고 합리적 대안을 내놓고 설득해야 합니다. 그러나 더 중요한 것은 필요한 경우 최고 책임자가 직접 이해 당사자들을 만나 신뢰를 보여주거나 담판을 짓는 것입니다. 물론 위험 부담도 있기 때문에 실무자들이 말리는 경우가 많지요. 그러나 제 경험으로 볼 때 과감하게 그들 속으로 들어가 모든 항의와 불만을 끝까지 '경청'하면, 당초의 소란은 조용한 평정으로 되돌아오고 높은 신뢰가 형성될 수 있습니다.

평소 만나보기 힘든 시장이 직접 나타나 모진 소리도 다 들어주며 메모하고 솔직하게 용서를 빌고 대안 마련을 약속하면, 그 앞에 무너지지 않는 불만과 데모대는 없었습니다. 그렇습니다. 신뢰와 소통은 용서를 필요로 하는 법입니다.

7원칙 : 신뢰를 얻기 위해 때로는 용서를 빌어라

상대방의 목소리를 경청하고 문제를 해결하는 데까지 나아가기 위해서는 상대의 마음을 살 필요가 있습니다. 그래야 상대의 마음이 열리고 진심에서 우러나오는 대화가 가능해집니다. 처음에 품었던 불만과 불신, 분노와 억울한 마음을 녹이려면 무엇보다 진실된 자세와 마음을 상대방에게 보여주어야 합니다. 그리고 진실된 자세, 진정한 마음을 보여주는 방법은 자신의 잘못을 솔직히 털어놓는 것입니다.

사실 서울시장으로서 행정의 잘못을 시인하는 것은 쉬운 일이 아닙니다. 그것은 바로 법률상의 시인으로 이어져 법적 쟁송爭訟에 영향을 끼치고 공무원들의 사기를 떨어뜨리는 결과를 낳을 수 있기 때문입니다. 그럼에도 불구하고 "법적 판단을 넘어서서"라는 말을 전제하면서 그동안 행정 관청의 잘못으로 인해 주민들이 입은 고통과 피해에 대해 위로의 말을 건네면 많은 불만이 눈 녹듯 사라지는 것을 목격하곤 했습니다. 용산 국제업무지구의 갈등이 그랬고 뉴타운 지구의 갈등이 그랬습니다. 제대로 된 경청과 소통을 위해서는 자신의 주장을 내려놓고, 때로는 잘못까지 시인하고 용서를 빌어야 합니다.

8원칙 : 절실하게 들어라

제가 페이스북에 쓴 글에서 마침표 다음으로 자주 나오는 문장 부호는 물음표입니다. 물어야 답합니다. 내가 결론을 내리면 사람들은 말을 하지 않아요. 마음의 문을 열어두어야 하는데, 들어오고 싶게끔 활짝 열어놓아야 사람들이 들락날락합니다.

절실히 들어야 할 필요성을 느끼는 사람은 끝내는 듣습니다. 진짜 소통을 해야겠다는 철학이 중요합니다. 그로써 많은 것을 얻는다는 걸 알아야 합니다. 새로운 아이디어에 목말라하는 태도가 듣게 합니다. 방울뱀은 10리 밖에 있는 동료 방울뱀의 방울 소리를 들을 수 있다고 해요. 살고자 하는 절실함이 상상을 뛰어넘는 청력을 갖게 해준 것이죠. 절박하면 우주 바깥의 소리도 들리고, 안

들으려면 옆에서 징을 치고 대포를 쏴도 안 들립니다.

제가 영어가 서툴어도 영어로 대화하는 데 큰 어려움을 느끼지 않는 편인데요, 생존 영어이자 본격 실용 영어가 제 영어입니다. 영어를 10년, 20년 배웠어도 정작 외국인을 만나면 입 떼기가 힘든 경우가 생기는 건, 애초에 영어를 배울 때 소통을 전제로 배우지 않았기 때문이에요. 내가 영어를 배워서 영어를 쓰는 사람들과 대화를 나누고 싶다는 마음으로 영어를 시작한 사람과, 점수를 따거나 학문적인 목적을 위해 영어를 배운 사람은 차이가 있을 수밖에 없겠죠. 영어를 잘하는 비결 또한 소통에 있다는 점, 알고 계셨나요?

9원칙 : 말하는 사람을 신뢰하라

철학자 강신주는 "소통은 사랑이다"라고 말했습니다. 다양하게 해석될 수 있는 말일 텐데, 저는 '사랑하는 사람처럼 믿으면 안 될 소통이 없다'는 뜻으로 이해했답니다. 사랑하니까 소통하기도 하지만, 소통하기 위해 사랑해야 할지도 모릅니다.

한번 의심하기 시작하면 끝이 없습니다. '저 사람이 나한테 옳은 소리를 할까?'라고 생각하면 끝이 없어요. 내가 소통하기로 마음먹었고, 저 사람도 나와 소통하고자 하는 최소한의 의사가 있음이 확인됐다면 그 소통의 현장에서만큼은 상대를 무조건 믿고 귀기울여야 합니다. 그렇지 않으면 그 시간은 무의미하게 서로 말을 주고받는 시간 낭비일 뿐이죠.

서울시장인 저는 누구보다 시민을 믿어야겠죠. 시민을 믿는다는 건 집단지성의 힘을 믿는다는 것이며, 일상의 힘을 존중한다는 뜻이기도 해요. 어떤 사람은 돈을 존중하고, 어떤 사람은 책을 존중하지만 그 무엇도 집단, 그리고 일상의 힘보다 강하지는 않습니다. 시민이야말로 현장에서 매일매일 일상을 살아가고 있고, 누구보다 현장을 잘 아는 진짜 전문가들입니다.

2001년에 나온 〈금발이 너무해〉라는 유명한 할리우드 영화가 있습니다. 뮤지컬로도 널리 알려진 작품이죠. 영화는 공부와는 담을 쌓고 여기저기 놀러다니고 사람 만나기에 바빴던 주인공이 법학대학을 가서 여러 가지 법률 사건을 해결한다는 내용입니다. 그런데 이 주인공이 사건을 해결하는 과정이 재미있어요. 주인공이 재판에서 이길 수 있었던 건 해박한 법률 지식 때문이 아니라 여기저기 놀러다니며 삶에서 얻은 경험 덕이었습니다. 책 속 지식보다 더 큰 힘이 무엇인지 알려주는 영화였죠.

얼마 전 서울시는 '2030 서울플랜'을 발표했습니다. 2030년의 미래를 그리는 종합 도시계획서죠. 예전 같으면 도시개발 전문가들이 서너 명 모여 어려운 용어 써가면서 만드는 거창한 계획이었겠죠. 시민들은 나중에 다 만들어진 자료를 보면서 그런가보다 했을 테고요. 저는 2030플랜을 모조리 시민들에게 맡겼습니다. 제 의견은 한 글자도 들어가 있지 않아요. 시민들이 160번의 회의를 통해 약 15년 후 우리 서울의 미래를 그려낸 겁니다. '소통과 배려가 있는 행복한 시민도시'라는 캐치프레이즈를 내건 이 계획은 기나긴 논의와 소통의 과정을 거쳐 시민들의 꿈과 소망이 담긴 우리 시대의 위대한 문건이라고 생각합니다.

어떤 사람을 정말 믿으면 그 사람은 시키지 않아도 스스로 움직입니다. 그 믿음 안에서 성의를 다해 일하는 자발적 몰입이 가능해집니다. 시민들이 했으니까 교수나 학자들이 세운 계획보다 어설프고 부족할까요? 도시계획에는 고상한 용어가 필요하지 않아요. 지금 현장에서 치열하게 하루하루를 살고 있는 시민들이 좀 더 나은 미래를 위해 생각하는 부분을 자유롭게, 그러면서도 현실적으로 표현해내면 그게 진정한 도시계획이 아닐까요?

10원칙 : 말하는 것 이상을 들어라

저는 메모광인데요, 메모와 필기는 좀 다릅니다. 들리는 이야기를 모두 받아들이는 건 그다지 현명한 생각이 아닙니다. 들으면서 판단을 해야죠. 내 경험과 새로운 정보가 만나는 접점에 대해 실시간으로 치열하게 고민해야 합니다. 토론은 일방적으로 듣는 것이 아니고 아이디어와 논리와 감정이 오고가는 과정에서 엉뚱한 방향으로 발전하는 것입니다. 인간이 가진 특징이 그런 것 아니겠어요? 어디로 튈지 모르는 새로움을 추구하고 혁신하려고 하는 게 바로 인간이죠.

그렇게 생각하면 더더욱 버릴 말이 없지요. 그 사람의 말이 논점에서 벗어났다면, 왜 그는 다른 이야기를 하는 걸까, 실상 지금의 논제와 관계가 없어 보이지만 만약 연결시킨다면 어떤 상상력을 발휘할 수 있을까, 생각해봐야 합니다. 설령 사실관계가 틀린 말을 들어도 그냥 버리기보다는 내 생각을 보태 새로운 아이디어로 바꿔볼 수 있어요. 경청하면서 한편으로는 그 사람을 이해하고, 한편으로는 새로운 아이디어를 발견해낼 수 있습니다.

서울시장의 위치에서 시민의 목소리를 듣는다고 그대로 모두 수용한다는 건 아닙니다. 시민들이 항상 정당하고 합리적인 요구만

하는 것은 아니니까요. 더군다나 예산이나 제도의 한계도 있는 법
이지요. 그런데 듣다보면 그 사람이 왜 그런 말을 하는지를 알 수
있어요. 병으로 따지면 아픈 곳에 약만 바르고 끝나는 게 아니라
그 사람의 체질을 건드리고 마음을 치유하는 것이죠. 그러면 근본
으로 접속해 그 사람의 말 이면에 있는 진짜 문제를 해결할 수 있
는 가능성이 열립니다. 핵심을 바라볼 수 있는 힘, 경청에서 나옵
니다.

"행동"은 바닥에서 하되
"생각"은 전지구적으로 해보는 것이죠.
그런 꿈을 꾸는 데는
직책이나 배경 같은 것은
별로 중요하지 않습니다~.

경청 2.0:
소통으로 밥 먹고, 유연해지고, 손잡자

이제까지 소통에 대한 제 생각을 말씀드렸는데요, 저는 우리 사회가 가짜 소통, 자기 의견을 내세우기 위한 소통, 소통으로 포장된 설명을 모두 벗어나, 정말 우리에게 이득이 되는 방향으로 다른 사람의 이야기를 들을 줄 아는 사회로 나아가야 한다고 봅니다. 경청이 실제로 우리 사회를 변화시킬 수 있다고 믿습니다. 이전까지의 경청이 일방향적인 소통, 혹은 듣기로만 끝나는 1.0 버전이었다면 이제는 경청이 우리 사회 안에서 꿈틀거리면서 상호작용하는 2.0 버전으로 진화해야 한다는 말입니다.

컴퓨터에 낮은 버전의 프로그램을 깔면 속도도 느리고 성능도

영 시원치 않죠? 예전 서울시에 깔려 있던 경청 1.0이 그랬습니다. 시민과 통하지 않으니 시민의 삶이 피폐해지고, 정치가 시민과 멀어지니 온갖 갈등과 충돌이 일어났습니다. 경청 2.0의 출발은 구체적인 행동과 실행에 앞서 다른 사람의 이야기를 잘 들을 수 있는 마음가짐과 과정을 만들어가는 것입니다.

소통이 돈이고, 밥이고, 일자리입니다. 경청을 통해 혁신하고 비전을 세울 수 있습니다. 저는 오마에 겐이치Ohmae Kenichi의 마케팅 전략 3CCompany, Competitor, Customer를 본떠 박원순의 3C를 만들었습니다. Communication(소통), Collaboration(융합), Creativeness(창조력)입니다. 이중에서도 중요한 것이 바로 소통입니다. 어떤 이는 소통과 참여는 과정일 뿐이고, 좋은 것은 알겠지만 밥이 되고 돈이 되고 일자리가 되지는 않는다고, 당장 눈앞에 놓인 문제를 해결하지는 못한다고 말합니다.

최근 경제 강국이자 복지국가로 전 세계의 주목을 받고 있는 독일 이야기를 해보겠습니다. 독일에서 여덟번째로 큰 도르트문트 시는 1990년대 말 대형 철강회사인 '티센크루프'가 중국으로 이전하면서 몰락 위기에 처했습니다. 직원 3만 명이 한꺼번에 일자리를 잃었고, 도시는 시민들의 시위로 마비됐습니다. 고심 끝에 도르트문트 시는 시장 직속으로 시민 소통 기구를 만들어 일주일에 한 번씩 소통을 시작했습니다. 10년의 세월이 지난 지금, 도르트문트 시는 일자리 7만 개를 만들었고, IT, 나노, 물류, 전기차, 바이오 산업 등 첨단산업의 중심 도시로 우뚝 섰습니다. 소통이 경제를 살리고 도시를 회생시키는 기적을 만든 것입니다.

이는 제가 공유경제를 강조하는 이유와도 상통합니다. 공유경제는 적은 비용으로 큰 효과를 내는 진보적 경제관념이라고 하죠. 각자 가지고 있는 것을 적절히 나누고 재활용하자는 취지인데, 객관적으로 따져보면 공유경제가 나쁘다고 할 것이 거의 없습니다. 1천 가구가 도시 민박으로 자기 집의 남는 방을 공유하면 50실 규모의 숙박시설 20개를 건설한 것과 맞먹는 효과가 있어요. 쓸모없는 낭비와 소비를 줄여 환경보호에도 도움이 됩니다.

계속 공유하고 나누면 나누는 사람에게 이득이 됩니다. 정보를 공유하고 지식을 공유하고 재능을 공유하면 그 안에서 정보, 지식, 재능은 더 커집니다. 집단지성은 이 세계의 어떤 개인보다 똑똑하니까요. 이 좋은 가치가 왜 활성화되지 못하고 있을까요? 공유하려면 통하고 믿어야 합니다. 내 것을 나누어도 아까워하지 않고 서로를 믿을 수 있는 이웃이라고 생각해야 공유경제가 가능합니다.

독일의 이야기로 돌아와보면, 세계 경제의 위기 속에서 독일은 주목받고 있습니다. 그중에서도 대연정의 리더십을 보여주고 있는 메르켈 총리는 우리 사회에 시사하는 바가 크다고 생각합니다. 메르켈 총리는 '친구는 가깝게, 적은 더 가깝게'라는 철학 속에서 진보와 보수, 가진 자와 못 가진 자, 청년과 어르신 등 국민 모두와 소통하고 국민의 마음을 보듬어 안았습니다. 통일 이후, 사회적 갈등과 경제적 어려움으로 고통의 시간을 겪었던 독일 국민들에게 메르켈은 독일의 어머니로 불리며 신뢰의 정치를 보여주고 있습니다.

지금 시대에 맞는 리더십이란 이런 게 아니겠습니까? 내 의견을 우격다짐으로 내세우는 게 아니라 모든 사람의 이야기를 잘 듣고 하나의 통일된 의견으로 이끌어낼 수 있는 통합지향적 마인드가 핵심이지요. 그렇지 않으면 이렇게 복잡하고 갈등이 많은 시대를 평화롭게 이끌어나갈 수가 없습니다.

그렇기 위해서는 생각이 딱딱하게 묶여 있으면 안 됩니다. 서울시장도 마찬가지죠. 예를 들면 서울시민의 범주를 생각하는 것부터 그렇습니다. 서울은 이미 국제적인 도시고 숱한 외국인들이 드나들고 있는데, 투표권을 가진 검은 머리의 동양인만 서울시민으로 생각하면 문제가 해결될까요? 내국인은 물론 외국인까지 두루 두루 살필 수 있는 시야가 진짜 서울을 통합하고 글로벌 도시로 만들 수 있는 가능성을 가져옵니다.

그런 맥락에서 제가 외국인 대학생들도 만나봤습니다. 외국인 대학생들을 만나야겠다는 생각을 한 건 아주 오래전부터입니다. 2만 명이 넘는 중국인 대학생이 서울에 있습니다. 수치나 통계만 봐도 이들을 챙겨야 한다는 걸 분명히 알 수 있잖아요? 하지만 마음먹었다고 다 실행을 할 수 있는 건 아니죠. 정말 실행에 옮기게 된 데에는 조그만 계기가 있었습니다.

한번은 제가 마포에 현장시장실을 꾸리면서 서강대 기숙사에 방을 하나 빌려 잠을 잔 적이 있어요. 잠을 자러 가면서 기숙사를 한 번 둘러보니 외국인들이 정말 많이 살고 있는 겁니다. 외국인을 위한 적지 않은 공간이 마련되어 있다는 자체가 예전에 제가 대학 다닐 때의 기숙사 분위기하고는 완전히 달랐죠. 그 순간 피부로 느꼈습니다. 서울에 많은 수의 외국인 대학생들이 분명히 숨 쉬고 있다는 사실을요. 그래프에서 보는 것과는 다른 경험이죠. 그 경험을 계기 삼아 그 후로 중국인 대학생, 필리핀 대학생들과 직접 만나 고민을 듣고 서울시가 할 수 있는 일을 생각해볼 수 있었답니다. 소통은 이렇게 외연이 확장되어야 합니다.

예로부터 위대한 문명은 이질적인 문화 간의 만남을 통해 이뤄졌다고 하죠. 통일신라 시대만 해도 그 만남을 위해 혜초 같은 스님들이 수천 리 길을 지나 사막과 산맥을 넘는 고행을 했습니다. 지금은 눈앞에 서로 다른 문화들이 산재해 있으니 얼마나 좋은 세상인가요. 외국인 대학생들을 만나면서 우리와 세계가 만나고 부딪치며 갖가지 화학작용을 일으켜 거대한 융합을 이뤄내는 세계 최고의 실험실이 서울이 되면 좋겠다는 생각을 했습니다.

시민 여러분께서는 물으십니다. "이 문제는 어떻게 할 거요, 시장 양반?" 시민 여러분께서는
답하십니다. "저 문제는 이렇게 하면 됩니다, 시장 양반." 문제도 답도 현장에 있습니다. '현장
시장실'에서 시민 여러분께 배웠습니다. 은평 뉴타운을 시작으로 20개 구청에 1박 2일 일정
으로 현장시장실을 꾸렸습니다. 지금도 전통시장, 교통안전 등 주제별로 현장시장실이 쭉 이
어지고 있습니다.

눈은 떠야 보이는데
귀는 항상 열려 있으니
말하면 들린다고 착각하기 쉽죠.
귀도 떠야 들립니다.

마음의 불을 끄는
소방관

저는 불 끄는 소방관이 되고 싶다는 말을 합니다. 눈에 보이는 불은 물로 끄지만 마음의 불은 소통으로 끕니다. 제가 말하는 마음의 불이란 뜨거운 열정을 칭하는 게 아니라 '불'평등, '불'안, '불'평, '불'만을 뜻합니다. 무수한 사람들이 겪고 있는 마음의 고통은 마음에서 일어난 '불' 때문이라고 생각해요.

서울은 우리나라에서 특별한 의미를 지니는 곳입니다. 그래서 특별시지요. 이 말을 곰곰이 짚어보면 우리나라의 명과 암을 극명하게 품고 있을 공산이 높은 곳이 서울이라는 뜻이 되기도 합니다. 급격한 경제성장이 선물한 화려함을 온몸으로 드러내는 대표적인 도시가 서울이지요. 그러나 경제성장을 따라가지 못한 정치와 의식, 소통의 부재와 같은 문화지체현상이 두드러지게 나타나는 도시, 마음의 불길이 활활 타는 곳 역시 서울입니다. 이제까지 얼마나 많은 갈등이 있었고 얼마나 많은 사람이 고통받아왔나요?

이제는 그 사슬을 끊고 시민에게, 인간에게 서울을 돌려줘야 할 때입니다. 그 출발은 시민이 말하게 하는 겁니다. 옛말에 "방민지구 심어방천防民之口 甚於防川"이라 했습니다. 백성의 입을 막는 것은 강물을 막는 것보다 더 위험하다는 뜻이죠. 선현들의 지혜가 담긴 이 경구에서 배운 저의 요즘 화두는 "이통안민以通安民", 즉 "소통으로 시민을 편안하게 한다"입니다. 이 말이 제가 가진 가장 강력한 무기이고 힘입니다.

서울을 완벽하게 시민의 품으로 돌려주는 게 제 몫이라고 생각합니다. 이 책에서 앞으로 소개될, 서울시가 마련한 무수한 소통의 창구들과 결과들은 그 자체로 소중하긴 하지만, 이는 하나의 과정이고 현상일 뿐입니다. 수단에 매몰되지 않고 이런 과정을 통해 정말 시민들이 스스로 나서 말을 하고 공무원들이 적극적으로 들을 수 있어야겠죠.

그 결과는 제가 상상하는 것보다 훨씬 클 것이라 기대합니다. 사과를 먹을 때 사과를 쪼개보면 씨앗이 몇 개인지 알 수 있죠? 그러나 그 씨앗을 심어서 나무가 되면 몇 개의 사과가 생길지 알 수 없습니다. 경청은 씨앗과 같다고 봅니다. 몇 개의 사과가 열릴지 모르는 사과 같은 것이지요.

그리고 서울이 인간답게 살아갈 수 있고 시민들이 진솔한 대화를 나눌 수 있는 도시가 되었으면 좋겠습니다. 제 심경을 대변해주는 좋은 내용이 있기에 인용해보겠습니다.

도시에 사는 사람들은 진솔한 이야기를 나누어야 한다. 이야기가 끊기면 소외될 수밖에 없다. 도시의 주인이 되어서 진실한 소통을 이야기하며 도시를 바꾸어야 한다. 고대 아고라는 신화만 등장하는 도시가 아니다. 신화와 전설과 구전을 통해 현실적인 아고라를 부활시켜야 한다. 인터넷 세대인 디지털 네이티브와 디지털 이주민들이 세대 차이를 극복하고 사회를 바꾸어야 한다. 나아가 우리, 가족을 재탄생시켜야 한다. (유창주, 『소통도시』)

아무리 귀를 닫고 눈을 내리깔아도 와야 할 시대는 끝내 옵니다. 빛을 시샘하는 어둠이 깊고 봄을 시샘하는 추위가 매섭다고 하죠? 소통하고 싶고 소통해야 하는데 많은 것들이 가로막고 있고 희망이 보이지 않는다고 해서 좌절할 필요는 없습니다. 조금만 멀리 바라봐도 소통의 시대는 분명히 다가오고 있기 때문이죠. 이 시대와 함께할 수 있는 작은 실천들이 우리를 외롭지 않게 도와줄 것입니다. 주저하지 말고, 지금 시작하세요!

초심으로 돌아가 경청하겠습니다!

온라인 취임식 영상

불통의 시대,
어떻게 듣고
무엇을 바꿀 것인가

어떻게 진심을 다해
경청할까

제가 앞서 '경청의 제도화'에 대해 말씀드렸습니다. 사람의 마음
이란 작은 것에도 흔들리기 마련이라, 좋은 의미로든 나쁜 의미로
든 약속의 힘을 빌려야 할 때가 있지요. 경청의 제도화는 혹시 여
러 사정으로 내 귀가 닫히려고 할 때 경청의 가치와 의미를 잊지
않게 도와줄 수 있는 장치를 마련하는 것입니다. 또 수많은 귀를
만들어 미처 다 듣지 못한 세세한 목소리들을 하나하나 챙기겠다
는 다짐이기도 하고요.

제도화는 평등을 위한 중요한 발판이 되기도 합니다. 공정하게
발언할 기회를 주겠다는 것이죠. 우리 사회의 힘 있는 사람들은

나서지 않아도 알아서 마이크가 앞에 놓입니다. 기침 한 번만 해도 대서특필될 것 같은 분위기가 있죠. 그 반대편에는 죽음 이상의 고통과 상실에 직면해 있으면서 세상에 목소리 한 번 낼 기회조차 없는 사람들이 있습니다. 그런 사람들의 목소리는 행정이 일부러 찾아가서 들어야 합니다.

또 이쪽의 이야기를 들었으면 저쪽의 말도 할 수 있게 해야 합니다. 운이 따르고 인연이 많아서 어느 한쪽만 신나게 떠들면 다른 한쪽은 소외되고 불만을 갖게 되죠. 세대, 계층, 지역 모두 마찬가지입니다. 한쪽으로 쏠리지 않게 하려면 그만큼 꼼꼼하게 그물망을 짜고 누구나 발언할 수 있는 시스템을 구축해야 해요.

어떤 분들은 제가 복지 정책밖에 모른다며 안보관을 의심하시곤 합니다. 복지단체를 챙겼다면 보훈단체도 똑같이 챙긴다는 게 제 생각이죠. 알려지지 않았을 뿐 지자체 차원에서 드물게 국가유공자 예우책을 마련한 것도 지금의 서울시입니다. 그 과정에는 당연히 보훈 청책토론회가 있었고요.

모두가 말할 수 있다는 건 모두가 주인이 된다는 말과 상통합니다. 아무리 훌륭한 리더도 자기가 모든 일을 다 할 수는 없습니다.

제가 예전 시민단체에 있을 때만 해도 단체가 그렇게 크지 않으니 그야말로 쌀 한 톨까지 제가 챙기고 야단치고 독려했었죠. 서울은 얼마나 큰가요? 내가 다 할 수 없고 내가 모르는 일이 많다는 걸 분명히 인정하고, 그 빈자리에 시민들을 앉힐 수 있어야 한다고 생각했습니다.

잘되는 집단은 구성원 모두가 자신이 그 집단의 주인이라고 생각하는 곳입니다. 내가 열심히 해봐야 그 공을 높은 자리에 있는 누군가가 다 차지해버린다고 믿는다면 굳이 나설 이유가 뭐가 있겠어요? 다만 이전의 서울은 그 사실을 알면서도 정말 시민을 주인으로 세우려는 노력이 부족했다고 봐요. 회사나 단체는 그렇게 하지 않으면 망하지만, 서울은 꼭 그렇게 아등바등 노력하지 않아도 망하진 않으니까요. 그렇지만 서울이 병들고 약해질수록 그 안에 있는 시민들의 삶이 팍팍해지는 건 너무도 당연한 일입니다. 서울의 채무 감축을 주요 공약으로 내걸고 갖가지 노력을 다하는 이유도 그래서입니다.

제가 마련한 장치들은 시민을 주인의 자리에 앉혀 정말 서울이 잘되게 하기 위한 방편이었습니다. 여전히 부족한 점은 많고 눈에 두드러지게 보이는 성과는 당장 없을지도 모르겠지만 무엇보다 중요하고 의미 있는 일이었다고 봅니다. 그리고 종국에는 이러한 소통이 서울을 바꾸고 시민의 삶의 질을 높여줄 것이라고 믿습니다.

제도라는 건 각자가 처해 있는 환경에 따라 형태가 다를 수 있겠죠. 잘 듣기 위해 특별한 약속을 만든다는 게 처음에는 어색할지도 모르겠습니다. 그런 의미에서 제가 서울시장을 하면서 시민의 이야기를 잘 듣기 위해 마련한 장치들을 몇 가지 소개해드리려고 합니다. 이런 형태들을 그대로 따라하라는 의미에서 알려드리는 건 아닙니다. 서울시는 아주 큰 집단이고 복잡한 사연들도 많은 곳입니다. 그렇기 때문에 그만큼 크고 다양한 형태의 제도가 필요한 것이죠.

제가 전달하고 싶은 건 이런 제도들에 담겨 있는 진심입니다. 구체적인 어휘를 찾는다면 '채택률' 같은 것이지요. 제가 시민의 말을 듣고 싶다고 합니다. 왜 듣나요? 그 말을 시정에 반영하기 위해서 듣지요. 그런 제 진심을 수치화한다면 시민의 의견을 시정에 도입한 채택률로써 드러날 것입니다. 국민들이 왜 공무원과 관료들에게 말하는 것을 포기했나요? '안 된다, 어렵다'는 답변만 들어왔기 때문입니다.

이 책을 읽는 분들이 경청을 위한 시스템을 고민하신다면 바로 이 부분, 내게 말을 하는 상대에게 돌려줄 구체적인 결과물에 대해 어떤 식으로든 고려해야 합니다. 많이 실망하고 많이 지친 사람일수록 금방 포기합니다. 경청하고 싶다는 태도를 내비쳐도 듣는 이, 혹은 듣는 이를 둘러싼 상황이 결국 변하지 않을 거라고 생각해버리면 진실된 이야기는 나오지 않습니다.

일단 듣고, 들은 이야기를 토대로 제가 할 이야기가 어떤 것이 되어야 한다는 확신까지 선 후 저는 여러 소통의 도구들을 만들었습니다. 제가 시장이 되고 바꾼 서울시 조직도의 맨 위에는 시민이 있습니다. 경청의 자세로 시민을 주인으로 만드는 게 좋은 서울시로 가는 데 꼭 필요하다는 것, 제가 서울시장 일을 잘할 수 있게 도와주는 확실한 도구라는 믿음이 여러 장치들에 담겨 있는 것이죠. 제 진심이 잘 전해져 우리 사회 곳곳에 경청을 바라는 크고 작은 약속들이 생기길 기대해봅니다.

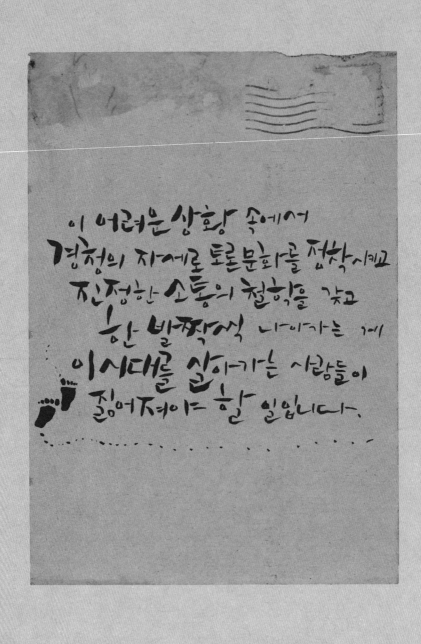

이 어려운 상황 속에서
경청의 자세로 토론문화를 정착시키고
진정한 소통의 철학을 갖고
한 발짝씩 나아가는 게
이 시대를 살아가는 사람들이
짊어져야야 할 일입니다.

딱딱한 행정용어, 이제 안녕!
행정용어 개선

어떤 사람에게 "너 꼭 공무원 같다"고 말하면 그건 덕담일까요, 악담일까요? 묵묵히 봉사하는 공무원들에게는 죄송하지만 적어도 그 말이 호의적 언사가 아니라는 건 대체로 수긍하실 겁니다. 왜 그럴까요? 틀에 박힌 생각, 어깨에 들어간 힘, 과도한 업무에 대한 불만이 불친절한 표정으로 대변되는 게 공무원이니까요. 지금까지는 그랬습니다.

그 뿌리 깊은 불신을 무너뜨리고 시민과 공무원이 통하는 길을 내려면 바위부터 치워야겠지요. 큰 뜻을 품되 출발은 작은 것부터 해야 쉽게 지치지 않습니다. 저는 언어에 대해서 먼저 생각했습니다. 서울시가 시민과 소통을 하기 위해 다가가려는데, 소통의 표정이자 얼굴이 될 수 있는 언어가 너무 딱딱하거나 경직되어 있는 건 아닐까?

말이 갖는 힘은 생각보다 큽니다. 우리가 전화를 하면서 어른과 대화를 하면 눈앞에 그분이 없는데도 저절로 고개를 숙입니다. 그 어른이 아니라 어른의 말이 나를 고개 숙이게 하는 것이죠. 말이 편안하면 마음도 편해지고, 말이 친절하면 대화가 부드러워집니다.

반말하는 김씨보다 존댓말하는 최씨에게 고기를 더 썰어줬다는 어느 백정의 일화가 있듯이, 언어의 변화는 관점의 변화이기도 합니다. 누구의 편의를 위한 말인가? 누구의 입장에서 적은 글인가? 예전에 행정에서 사용되는 말들은 행정 실무자들이 쉽게 일을 하기 위해 만들어졌어요. 서울시가 쓰는 말의 주인도 시민이 되어야 마땅합니다.

예전에 통보하듯이 딱딱하게 '월요일 휴관 안내', '낚시 금지 구역'이라고 썼던 것도 '월요일은 잠시 책을 덮고 산책을 하시는 것도 좋습니다', '물고기 안전지대'로 바꾸는 '친절한 서울씨 프로젝트'도 그래서 시행했습니다. 재미를 넘어 감동까지 전달할 수 있도록 했어요. 서울도서관 외벽에 걸렸던 '당신도 누군가의 영웅입니다'라는 글귀는 무심히 읽어도 그 끝에 감동이 있지요. 시민의 아이디어로 만든 문구입니다.

제가 '잡상인', '노점상'이라는 말을 없애고 '거리상인', '이동상인'이라는 표현을 쓰기로 했을 때 사람들의 반응은 생각보다 뜨거웠습니다. 우리는 아무 생각 없이 그분들을 잡상인, 노점상으로 불렀지만, 그 안에 담겨 있는 여러 가지 의미들은 결코 가볍지 않았던 것이죠. 말의 힘이 주는 감동을 느낀 시민들이 저에게 보내주신 격려는 지금도 잊히지 않습니다. 그중에는 자신을 잡상인과 노점상의 아들과 딸이라고 밝혀주신 분들도 있었죠.

제가 바꾼 건 말 하나지만 그 안에는 그분들을 거리에서 자잘한 물건을 파는 보잘것없는 사람이 아닌, 한 명의 아버지이자 어머니로, 친구이자 이웃으로 바라보자는 뜻이 담겨 있었습니다. 제가 소통의 단어들에 신경 쓰는 이유도 같은 맥락입니다.

TV 연예 프로그램에서 한때, 차가우면서 도시적이고 이지적인 느낌의 여자, 남자들을 흔히 '차도녀·차도남'이라 부른 적이 있습니다. 이른바 '차가운 도시 여자·남자'의 줄임말이죠? 요즘 중·고등학생이 자주 쓰는 은어는 어느 때 보면 외국어 같습니다. 그 세계에서는 흔히 쓰는 말들인데 모르는 어른들로서는 감조차 잡을 수 없는 말들이거든요. 한 청소년은 "어른들 못 알아들으라고 일부러 그렇게 말하기도 해요. 우리끼리 얘기하고 싶어서 그런 것도 있지만, 어른들이 놀라거나 요상하다는 식으로 쳐다보면 짜릿하거든요"라고 말하기도 합니다. (월간 『아버지』, 2012년 11월호, '청소년 언어, 줄임말 끝판왕')

각 분야에 따라 전문가들이 특정한 용도로 엄격하게 규정해서 사용하는 용어들이 있습니다. 포괄적이거나 일반적인 용어를 쓰면 정확한 이해가 어려워지기 때문이죠. 하지만 일상생활 속에서 낯선 용어의 사용은 명확한 소통을 위한 것이 아니라, 줄여 쓰는 게 편하다는 효율성 혹은 자기 그룹끼리만 이야기하겠다는 배타성에서 생겨납니다.

'그 세계에서만 통하는 말'은 한번 이해하고 나면 어려운 말이 아니지만, 모르면 왠지 비전문가가 된 것 같고, 시대나 정보 또는 학식이나 경험 면에서 뒤처진 것 같은 느낌을 갖게 해요. 주눅 들게 하는 말인 것이죠. 그래서 '자기들끼리만 아는 말'은 수평적으로 소통하는 데 가장 큰 걸림돌입니다.

그래서 바꿨습니다. 서로 마음을 열 수 있도록 어렵고 딱딱한 말, 권위적인 행정용어, 사무적이거나 비하하는 어투 혹은 어법에 안 맞는 말을 찾아서 고쳤습니다. 행정용어 중에 한자어가 참 많잖아요? 이런 한자어의 연원을 추적해보면 일제강점기부터 따라온 일본식 한자어가 상당수입니다. 말은 이런 점에서 무섭기도 합니다. 말 속에 역사도 묻어 있는 거죠.

우선 바른 공공언어 사용체계 구축을 위해 2011년 11월 23일, 국립국어원, 한글학회, 한글문화연대 등 우리말에 대해 잘 아는 기관과 협약을 맺었습니다. 공공언어 오류 및 어려운 용어를 찾아 지속적으로 순화했고 개선을 추진했습니다. 2012년 6월에 '교통분야 공공언어 개선 시범사업'이 시작되었고요.

그 결과 '시민고객'은 '시민님'으로, '쿨비즈'는 '시원차림'으로 바뀌었고, '가격투찰'과 같이 낯선 말은 '가격제시'와 같이 이해하기 쉬운 말로, '계류 중'이라는 말은 '처리 중'으로, '과오 지급'은 '잘못 지급'으로 바꿨습니다.

여기서 중요한 건 단순히 우리말로 바꿨다고 해서 다가 아니라는 점입니다. 우리말도 처음 보는 우리말은 낯설고 어렵습니다. 시민들 입안에서 이리저리 굴러다녀야 자리를 잡는 거죠. 아예 축제와 행사의 장을 열어서 시민들을 모시고 어떻게 하면 공공언어를 잘 고칠 수 있을지 여쭈어봤습니다. 교육과정을 만들어서 공무원들이 우리말을 바르게 쓰는 방법도 교육했습니다. 이어 서울시는 2014년을 '바른 공공언어 정착을 위한 원년'으로 선언하고 공공언어 사용 실태조사, 전자문서 시스템의 사용 환경 개선, 시민을 대상으로 한 글쓰기 강좌 등을 시작했습니다.

길은 원래 없었습니다. 사람이 다니다보니 발자국이 쌓여 길이 만들어진 것이죠. 가보지 않았던 길에 대해 예전이라면 관행이라, 법령 때문에, 전례가 없어서 가지 않았던 길을 지금은 가고 있습니다. 이렇게 저렇게 열심히 하다보면, "공무원 같다"는 말이 칭찬이 되는 날도 오지 않을까요?

변화를 고민하시는 분들, 작은 것부터 할 수 있는 일을 찾아보십시오. 언어 같은 게 아주 좋은 출발이 될 수 있습니다. 세상에는 무수한 이름들이 붙어 있습니다. 하지만 그 이름이 잘 어울리는 이름인지는 한 번쯤 짚어볼 필요가 있죠. 서로에 대한 호칭, 직

함, 부서 이름, 프로젝트명… 모든 것이 그 목적에 맞게 잘 지어졌
는지, 한번 돌아보면 어떨까 싶습니다. 이렇게 함으로써 소통의 좁
은 샛길이 큰 도로가 되지 않을까요?

순수한 아이디어는 난상에서 나옵니다.
자유롭게 이야기 해도 모욕당하지 않고,
그 엉뚱함에 신나게
웃을 수 있는 분위기가—
새로움을 가져오고
혁신으로 이어집니다.

우리 지금 만나! 당장 만나!
서울시의 통합 채널, 소셜미디어센터(SMC)

선진국에서 우리나라를 부러워하는 것 중 하나가 빵빵 터지는
인터넷 네트워크라고 합니다. 전 세계에서 우리나라만큼 인터넷
속도가 빠른 나라도 없다네요. 이렇게 좋은 것을 제가 행정에 가
져다 쓰지 않을 이유가 없잖습니까?

언제나 파편으로 존재했던 '개인'들이 소셜네트워크서비스SNS를
통해 힘을 가질 수 있는 시대가 되었습니다. 언론 매체를 소유한
자만이 미디어 권력을 갖는 것이 아니라 누구라도 언제 어디서나
미디어로서 파급력을 가질 수 있는 시대가 된 것이죠. 특히 스마
트폰 같은 기기 덕분에 현장에서 즉시 소통할 수 있는 능력이 커

졌고, 눈앞에서 '사건'을 함께 보며 즉각적으로 정보를 나누기 때문에 더욱 쉽게 내 주장을 이야기하고 퍼뜨릴 수 있게 되었습니다.

서울시에서도 이러한 SNS의 특징을 이용해보기로 했습니다. 공권력을 대표하는 시에서 먼저 SNS의 사회적 기능을 행정체계 안으로 끌어들였습니다. 즉 소셜미디어로 실시간 소통을 강화하는 정책을 통해 SNS가 갈등 폭발의 수단이 아니라 문제해결의 도구가 되도록 한 것이죠.

그래서 시민들을 향한 '카페트'를 깔았습니다. 이른바 SNS 3종 세트인 '카카오스토리, 페이스북, 트위터'를 통해 소통의 창구를 더욱 넓혀서 잘 듣겠다는 의미로 말이죠. SNS를 통한 소통에 주력하기 위해 집중했고 카페트 팔로워친구, 구독가 100만 명이 넘었습니다. 시민들이 새로운 소통 수단에 대한 저항감이 적다는 것을 입증한 사례이기도 하죠. 이미 시대는 변하고 있으니까요. 아울러 서울시 내부 커뮤니케이션에 있어서도 '카카오 아지트'나 '밴드' 등 스마트 시대에 맞는 스마트한 소통 수단을 적극적으로 업무에 활용하고 있습니다. 신속하고 편리한 소통이 가능해진 것이죠.

정책 형성과 결정 및 시행 과정에 이르기까지 SNS를 적절히 활용함으로써 시민의 시정 참여 욕구를 가장 효율적으로 해결했습니다. 서울시에 있어 SNS는 '함께 만드는 서울'을 구현하는 전략적인 도구가 되었고, 서울에서 만들어낸 결과물을 공유하고 전파하는 미디어로도 활용되고 있습니다. 그야말로 시민과 함께하는 'SNS 행정시대'가 열린 것이죠. 서울시의 대표 SNS 채널이 이렇게 활발한 소통을 하고 있는가 하면, 각 부서나 기관도 필요에 따라 SNS 채널을 만들어 상황에 맞게 운영하고 있습니다. 시와 시민 간에 이루어지는 소통 과정을 폭넓게 공유하기 위해 서울시는 '소셜미디어센터SMC'를 만들었습니다. 각종 시민 의견을 한 번에 쉽게 확인하고, 여러 부서의 SNS 계정을 한 사이트에 모아 시민이 필요한 부서와 더욱 쉽게 소통할 수 있도록 만든 시스템입니다. 서울시 혹은 시장의 SNS 계정으로 들어오는 시민 의견을 접수해 처리하고 답변한 결과를 한눈에 볼 수 있습니다.

SMC가 운영되는 세부 절차를 짚어볼까요? 우선 수집과 집합의 과정을 거칩니다. 시민이 SMC에 등록된 채널에 올린 제보, 신고, 민원 등을 수집해 SMC 한 곳에 모으고, 이렇게 모인 의견은 내용에 따라 분류되어 관련 부서로 넘어갑니다. 시민 의견을 받은 부서는 의견을 검토해 답변하게 되고요. 시 업무 담당자의 답변은 의견을 보낸 시민의 개인 SNS 계정으로도 가지만, SMC에도 모여 모든 시민에게 공개됩니다.

　기존에도 이런 시스템이 전혀 없었던 건 아니에요. 하지만 재미가 없고 딱딱해 시민들의 관심을 사지 못했습니다. 사람은 자기가 직접 참여해야 재미를 느낍니다. 정보제공 중심에서 소통과 공개 중심으로 기능을 확대하고, 모바일 전용 어플리케이션을 개발해 어떻게든 시민들이 쉽고 편하게 서울시에 잔소리할 수 있게끔 만든 것이죠. 서울시의 공식 홈페이지를 통한 웹서비스 채널만 있는 게 아니라 각 기관마다 SNS 채널을 개설했어요. 그러니까 시민들은 채널을 골라 하고 싶은 말을 할 수 있게 된 거죠.

　이런 시스템이 구축되니 의견 수렴뿐 아니라 재난 상황 등에 대한 전파도 예전보다 훨씬 더 효율적으로 할 수 있었습니다. 시의 기능 가운데 시민의 안전을 지켜주는 것을 빼놓을 수 없으니까요. TV나 라디오 등을 통해야 해서 시민 한 사람 한 사람에게 직접적으로 전달되기 어려웠던 메시지를 이제는 SNS를 통해 서울시 계정과 직접적 관계를 맺고 있는 시민들에게 알릴 수 있게 되었어요. 그럼 또 이분들과 친구를 맺고 있는 사람들에게 전파되어 신속한 확산이 가능해졌죠. 이와 같은 소통 체계를 통해 시민은 관공서를 방문하지 않고도 궁금하거나 불편한 사항을 편하게 해결할 수 있고, 집단의 힘을 빌리지 않고도 자신의 의견을 직접 표명할 수 있게 되었습니다. 짧은 문장의 시민 참여가 모여 '서울시 SNS 행정시대'라는 태산같이 큰 변화를 이끌어내고 있습니다.

지금도 시민들이 특별한 주제가 없어도 일상생활에서 발견한 불편 사항이나 시정에 대한 의견을 각자의 SNS 계정을 이용해 서울시장의 SNS 계정에 직접 보내고 있습니다. 해당 담당관이 제 SNS 계정으로 들어오는 시정과 관련된 시민 의견을 모아 해당 업무를 담당하는 부서에 전달하면, 해당 부서에서는 그 의견을 검토하고 신고 사항은 조치해서 시민들에게 SNS로 알려주는, 신속하고 맞춤형의 소통이 이뤄지고 있죠. 요즘 광속의 시대, LTE의 시대인데 행정만 거북이 걸음을 걸어서야 되겠습니까? 행정도 최대한 발걸음이 빨라져야죠.

처음에는 큰 기대 없이 가볍게 자신의 의견을 전했는데 진짜 서울시의 답변을 받자 흥분하시는 분들도 꽤 있었습니다. 그분들이 그 내용을 친구들에게 전파했고, 언론에까지 대대적으로 알려지기에 이르렀죠. 그러자 더 많은 시민들이 SNS를 활용해 서울시에 의견을 보내면서 시민 의견은 폭주하고 있습니다. 공무원들, 힘들 겁니다. 하지만 서울시민의 삶의 질은 조금은 더 높아졌겠죠.

사소한 불편에서부터 고단한 삶의 이야기까지 시민들이 일상에서 겪는 다양한 사연들을 통해 서울시는 기존의 행정력이 미처 보지 못했던 문제를 발견할 수 있었고, 제대로 된 해법을 찾지 못했던 문제에 대해서는 슬기로운 방향을 발견하기도 했습니다. 소통을 기반으로 한 시민의 참여와 협력시정이 SNS를 통해 구현되는, 서울시의 SNS 소통 행정시대가 열린 겁니다. 단언컨대, SNS를 활용한 서울시의 열린 소통 행정은 세계 최고라고 생각합니다.

서울시장이 소셜미디어를 적극적으로 활용하는 것에 대해 경솔해 보인다고 표현하는 분도 있고, 공무원들이 격무로 인한 피로를 호소하기도 했습니다. 그도 그럴 것이 예전에는 준엄한(?) 절차에 따라 단계를 거쳐 극소수의 민원만이 시장의 귀에 들어갔고 공무원들도 시장이 직접 나서 민원을 챙기는 부담을 생각할 필요가 없었으니까요.

저는 그렇게 생각합니다. 예전에 공직자가 갖는 권력의 상당 부분은 정보의 폐쇄성에서 비롯되었어요. 높은 담 안에서 고관대작들이 어려운 말과 형식을 빌려 자기들끼리 일을 처리하면 국민은 그저 결정된 일을 통보받는 것밖에 할 수 있는 일이 없었죠. 그 덕분에 어떤 일이 벌어졌나요? 정보를 독점한 몇 명이 자신의 이익을 위해 국가와 국민을 이용하는 부정부패가 만연했습니다. 어찌 보면 당연한 수순이었죠. 감시하는 사람이 없고 자신은 좋은 정보를 잔뜩 가지고 있는데 욕심이 생기지 않겠습니까?

그런데 지금은 다릅니다. 소통의 도구가 무엇인지는 정치권력에서도 상당히 중요합니다. 언론의 공정성과 정치를 연관지어 설명하는 연구가 많은 것도 이 때문이죠. 인터넷과 스마트폰 등 다양한 도구를 통해 국민은 관료 못지않은 많은 정보를 가지고 있고, 더 잘 알고 있는 부분도 생겼어요. 한마디로 개인 미디어 환경이 의제 설정 권한을 시민과 국민에게 돌려준 셈입니다. 행정과 정치가 고급 정보를 독점하는 시기는 점차 끝나가고 있습니다.

그럼에도 여전히 꽁꽁 문을 걸어 잠그고 소통하지 않는 공직자와 기관이 적지 않습니다. 저는 시대를 역행하는 것이 아니라 시대를 따라가려고 합니다. 어차피 알고 있고 알려질 정보라면 더 친절하게, 더 잘 알 수 있게 공개하는 게 낫지 않겠어요? 이런 시대적 흐름을 적극 반영해 서울시를 우리 사회 어느 곳보다 부패가 적고 깨끗한 공직 사회로 만들어가려는 게 제 마음입니다. 그 결과로 2013년 12월에 국민권익위원회가 653개 공공기관을 대상으로 실시한 청렴도 평가에서 서울시가 1위를 차지했답니다.

　　서울시의 필요한 정보는 최대한 편하게, 마음대로 열람할 수 있게 하고 다른 사람이 제기한 민원이 무엇이고 어떻게 해결되는지, 서울시장이 무슨 회의를 하고 어떤 말을 하는지 원하는 대로 모두 볼 수 있도록 만드는 데 적지 않은 노력을 기울였습니다. 서울시 정보소통광장 홈페이지opengov.seoul.go.kr에 가보면 서울시와 관련된 모든 자료가 공개되어 있고, 라이브 서울tv.seoul.go.kr에서는 서울시와 관련된 갖가지 회의와 토론영상을 실시간으로 감상할 수 있습니다. 서울시의 정보는 '정보 공개'의 수준을 넘어 공유로 가는, 완벽한 '누드'가 되었으면 합니다.

　　소셜미디어센터는 제가 가진 모든 고민의 출발선상에 있습니다. 정보를 공개하고 그 정보에 대해 시민이 반응하면 그것에 대해 서울시장을 비롯한 공무원들이 반응하는 것이죠. 저는 이것이 궁극적으로는 서울시와 시민, 공무원 모두에게 긍정적인 효과를 가져다주리라 확신합니다.

소셜미디어센터

'응답하라, 서울시!!!' 서울시는 응답하는 행정을 위해 SMC, 소셜미디어센터를 만들었습니다. 소셜네트워크서비스로 무엇이든 물어보시면 해당 부서에 연결되어 바로 응답해드리는 제도입니다. 서울시 광속행정의 좋은 사례가 되었고, 서울시는 2013년 민원서비스 최우수기관으로 선정되었습니다.

진짜 말하면 실현된다니까요!
청책토론회

청책聽策토론회의 출발은 어느 노숙인의 죽음에서 시작됐습니다. 제 취임식이 있기 전, 갑자기 찾아온 추위에 어느 노숙인이 서울역 화장실에서 차가운 주검으로 발견되는 안타까운 일이 벌어졌어요. 저는 서울시장이 되자마자 서울에서 얼어 죽고 굶어 죽는, 결코 있어서는 안 될 일들을 없애는 것을 최우선 과제로 삼았습니다.

복지정책의 사각지대에 있는 소외계층을 파악해 맞춤형 긴급 복지정책을 만들어보고 싶었습니다. 그렇게 하기 위해서는 매년 관행적으로 진행되던 '친서민 겨울대책'과는 근본적으로 다른 정책이 필요했습니다. 하지만 현실적으로 취약계층을 제대로 선정해서 그들을 위한 복지서비스를 제공하는 일은 쉬운 과정이 아니었어요. 어디서부터 취약계층인가? 그분들을 근본적으로 돕기 위해서 무엇이 필요한가? 답은 금방 나오지 않았습니다.

애초에 저나 공무원들만으로 풀 수 있는 문제가 아니었죠. 그럼 어쩌겠습니까. 시민들에게 여쭈어봐야죠. '서민이 따뜻하게 보낼 수 있는 겨울 만들기'라는 주제로 시 공무원과 전문가, 시민, 시민단체가 한자리에 모여 토론회를 열었습니다. 얼어 죽는 이가 한 사람도 없도록 하기 위해서 어떻게 해야 좋을지 함께 논의한 것이죠. 서울시와 시민들이 다 함께 '지금, 여기서, 우리는 무엇을 해야 하는가'에 대해 머리를 맞대고 고민하기 시작했고, 그게 곧 청책토론회의 시작이었습니다.

정책을 수립하는 일부터 시민에게 맡기자는 의견이 이때 나왔습니다. 안 될 이유가 없고, 당연히 그렇게 해야 하는 일이었죠. 시민기획위원회를 구성하고 이 위원회가 중심이 돼서 시민의 의견을 수렴해 세부 정책을 수립하는 쪽으로 방향이 결정됐습니다. 말로만, 형식적으로만 하는 게 아니라 정말 서울시 복지정책에 시민이 참여하고 협력하게 된 겁니다.

시민기획위원회를 구성하고 시민의 의견을 듣는 '청책토론회'를 통해 세부 계획을 수립하는 일은, 복지라는 공공서비스의 공급 체계를 구성하는 조직을 구축하고 각 조직이 수평적인 네트워크로 작용되는 시스템을 만드는 것입니다. 쉽게 말해 시민이 정책 수립에서 가장 큰 목소리를 내는 튼튼한 입의 역할을 하는 겁니다.

그 과정에서 공무원들이 고생 많이 했습니다. 이 거대한 행정 체계 속에서 없던 일을 만들어내는 건 고생길일 수밖에 없죠. 청책토론회가 단지 일회성 행사로 그치지 않고, 시민이 제안한 내용을 해당 부서에서 바로 검토해 시민에게 답변할 수 있게끔 이면의 프로세스가 가동된 것, 중간 중간 개선요소를 찾아 끊임없이 정책을 발전해온 것, 어떤 경우에는 시장과 해당 부서가 모여 민원 사항들을 좀 더 심도 깊게 검토할 수 있었던 것 등 하나하나의 제도가 시 직원들의 노력으로 이루어졌습니다. 웹과 SNS를 통한 소통 또한 즉각적으로 답하고 소통하기 위한 수많은 노력이 있었기 때문에 가능했고요.

그럼 청책이라는 게 뭘까요?
청책聽策, 말 그대로 듣고서聽 꾀를 낸다策는 뜻입니다. 무엇이 해결되어야 할 중요한 정책 현안인지, 누구를 대상으로 언제, 어디서, 어떤 방법으로 실행해야 할지 시민에게 물어서 정책을 만든다는 것이죠. '청책'이라는 말은 국어사전에 없는 단어입니다. 처음 보는 사람들은 '정책'을 잘못 쓴 것으로 오해하기도 했습니다. 하지만 희망온돌 프로젝트를 계기로 청책토론회가 개최된 지 1년여가 된 지금, 검색창에 '청책'이라는 단어를 입력해보면 수많은 관련 기사와 시민들의 글이 올라와 있어요. 그만큼 많은 시민들이 청책토론회에 참가하여 소중한 의견을 제안해주었고요. 어느새 '청책'은 소통하는 서울시를 대표하는 상징어가 되었습니다.

청책토론회가 어떤 식으로 진행되는지 세세하게 설명해보겠습니다. 먼저 시민 의견을 듣고 정책을 결정해야 할 현안에 대한 주제를 선정합니다. 토론 주제는 공익성, 타당성, 필요성 등을 종합 검토하죠. 이렇게 주제가 설정되면 청책에 참여할 정책 파트너를 발굴합니다. 정책 파트너란 관련 분야에 풍부한 지식이 있는 전문가 등을 포함해 다양한 의견을 가진 시민단체, 참여하고 싶은 시민, 정책을 결정하고 추진할 사업부서 공무원들입니다.

구체적인 청책토론회 개최 일정이 정해지면 관심 있는 시민들이 자유롭게 의견을 제안할 수 있도록 홍보를 해요. 직접 토론회에 참석하지 못하는 시민을 위해서 SNS 소통 채널을 이용하여 실시간 의견을 받기도 합니다. 청책토론회가 개최되면 관련 주제에 대해 심도 있는 토론을 진행합니다. 누구나 손들고 누구나 발언할 수 있습니다. 찬성과 반대, 논쟁이 봇물처럼 터지기도 합니다. 1시간 반에서 2시간에 걸친 청책이 끝난 후 시는 시민이 제안한 내용을 꼼꼼히 정리하고 정책에 반영할 수 있는 구체적인 실행방안을 연구하게 되고요. 청책토론회 자체가 생중계되는 것은 물론이고 사후에도 현장 스케치, 동영상, 제안 내용 등을 서울시 홈페이지에 게시하여 청책 참여자뿐 아니라 누구나 청책토론회 처리 과정을 살펴볼 수 있도록 했습니다. 또한 사업부서는 지속적으로 정책 파트너와 연락하면서 시민이 정책 수립에 참여할 수 있는 기회를 제공하고 있지요.

처음에는 공무원도 낯설고 시민도 낯설었습니다. '청책'이라는 말 자체만 낯설었던 건 아닙니다. 예전에는 그런 자리가 있어도 시민의 이야기를 형식적으로 듣고 끝내면 그만이었어요. 이제는 시민의 의견을 듣는 행위가 공청회처럼 일회성 행사로 끝나지 않고 정책 수립과 실행의 한 과정이 되어야 하기에 청책은 그 자체로도 전례가 없었던 거죠.

무슨 매뉴얼이 딱 있으면 좋을 텐데 그렇지도 않았습니다. 토론회 형태로 연다고는 했지만 정형화된 진행 방법이 있는 것도 아니었고요. 청책토론회가 끝나고 정책화되는 과정 역시 딱히 정해져 있지 않았습니다. 이처럼 청책토론회는 제도로서 그 설계도나 청사진을 충분히 갖추지 않은 채 출발했습니다. 어쩌면 그게 더 당연한지도 모릅니다. 청책은 시민의 의견을 듣기 위한 자리로 자연스럽게 태동되었으니까요.

막상 시작하고 나자 반응이 장난 아니었습니다. 여기저기서 청책토론회를 개최하자는 요청이 터져 나왔어요. 첫 개최 후 한 달에 열 번이나 청책토론회가 열렸고, 한 번으로 부족한 토론회는 두 번, 세 번, 네 번 다시 열렸습니다. 새로운 형식의 참여형 토론회에 대해 거는 시민들의 기대가 그만큼 컸던 거예요.

청책토론회 가운데 몇 가지를 소개해볼까요? 책 읽는 서울을 만들기 위한 청책토론회에서 "도서관을 서울시 10대 정책의 하나로 내세워야 한다", "작은 도서관에 대한 정확한 분류 기준과 방법을 마련한 뒤에 지원해야 한다", "1사 1도서관을 만들자", "도서관 실태를 조사해서 도서관의 질을 높이는 정책을 만들어달라" 등의 이야기가 나왔습니다.

청책토론회 이후 모두 여섯 차례의 추가 모임이 있었고요. 그 결과로 서울 어디서나 10분 이내에 접근이 가능한 생활밀착형 도서관을 건립하는 한편, 1인당 장서 수를 0.81권에서 OECD 국가 평균인 2권으로 늘리고, 서울 대표 도서관과 자치구 도서관 간의 네트워크를 구축한다는 내용이 포함된 정책의 기본 틀이 만들어졌습니다. 모두 시민의 생각이죠.

어르신 일자리 관련 청책토론회에서는 어르신 세대의 사회참여 활성화와 은퇴 후 인생 설계에 대한 실질적인 방안을 모색했습니다. "70대 이상의 어르신들은 복지관 프로그램 등을 이용할 수 있지만, 영시니어인 50~60대 세대들은 막상 갈 곳이 없다", "고령자에게 적합한 일자리를 2교대, 3교대로 진행하는 워크쉐어work share 제도를 도입하자" 등의 의견이 나왔습니다.

은퇴 어르신들을 위한 지원 프로그램과 어르신 개인별 맞춤형 정책을 추진해야 한다는 논의도 활발했는데요, 이러한 어르신들의 바람은 전문직 퇴직자 제2의 인생 설계 교육, 전문성을 살린 사회 공헌 일자리 개발 등을 추진하는 '서울인생이모작지원센터' 설치 계획에 반영되었습니다.

대기업의 사업영역 확대로 어려움을 겪고 있는 중소상공인들을 위해 마련된 중소상공인·동네경제 살리기 청책토론회도 있었습니다. 지역 화폐, 풀뿌리 경제와 자영업자 살리기 특별위원회, 통합 물류센터 건립 등 중소상공인들이 제안한 내용들의 많은 부분이 정책에 반영되었습니다.

이외에도 청년 일자리, 무상급식, 청소년 교육, 지역사회 혁신 등 사회 전반을 아우르는 모든 이슈가 토론회의 주제가 되었습니다. 저는 아무리 바빠도 토론회가 열리면 두 시간씩 꼬박 자리에 앉아서 이야기를 듣습니다. 시장은 보통 처음에 인사말 정도 하고 5분 앉아 있다가 나가기 바쁘죠. 하지만 저는 시민들이 무슨 이야기를 하는지 직접 듣고 싶었고, 그 숨소리 하나하나를 느껴보고 싶었습니다. 무엇보다 그 주제와 관련된 현장의 목소리를 생생하게 들을 수 있고, 정책의 다양한 아이디어를 얻을 수 있어 좋았습니다. 청책토론회 한 번으로 그 분야는 말끔히 정리할 수 있었던 것입니다. 이제는 낯설게만 느껴졌던 '청책'이라는 단어가 우리 모두에게 어느 정도 뿌리 내린 기분입니다.

청책토론회는 결국 거버넌스Governance로 가는 계단이 됩니다. 원래 거버넌스는 '협치協治'라고 합니다. 함께 다스린다는 뜻이지요. 이런 용어가 생소하실 수도 있지만 별로 특별할 것도 없답니다. 시와 시민이 한목소리를 내서 실제로 서울을 같이 운영하는 체제가 바로 거버넌스인 거죠.

제가 바라는 거버넌스는 여기에 몇 가지가 추가되어야 합니다. 새로운 거버넌스는 '시민사회를 정부의 활동 영역에 포함시켜 새로운 파트너로 인정함으로써 정부조직, 기업, 시민사회 등 이들 모두가 공공서비스와 관련하여 신뢰를 통한 네트워크(연계, 상호작용)를 구축하는 것'이고, 이미 선진국에서는 이런 개념으로 활용되고 있습니다. 서울시도 점점 그 방향에 다가서는 중이고요.

청책토론회는 시민과 서울시가 함께한다는 것을 확실히 보여주는, 경청하는 서울시의 대표 브랜드입니다. 보여주기식 행정으로 사람들 동원해서 서류로만 이루어지는 시민 참여와 소통과는 작별인사를 하고 싶어요. 그런 일에 시간과 자원을 쓴다는 게 얼마나 낭비입니까? 시민과의 소통에 대한 근본적인 철학을 공유하지 않았기 때문에 눈 가리고 아웅 하는 일들이 비일비재하게 벌어졌던 것이죠. 처음에는 낯설게 느껴졌던 '청책토론회', '거버넌스'라는 단어가 이제 우리 서울시와 공직자들의 마음속에 필수적인 행정 절차로 자리 잡고 있습니다.

청책토론회

'청책(聽策)'이란 '정책을 듣는 것'을 말합니다. 그러니 '청책토론회'란 시민 여러분께 정책의
내용과 방향을 충분히 듣고 모두 함께 충분히 논의하는 토론의 장이고요. 서울시에서는 그
간 총 67회의 '청책토론회'가 열렸습니다. 시민의 힘, '시민력'이 넘쳐났던 시간들이었습니다.

할 말 있으세요? 지금 바로 하세요!
시민발언대와 시장과의 주말 데이트

언제부터인가 우리의 이야기에는 우리의 삶이 빠져 있었습니다. 드라마와 영화에서는 늘 극단적인 상황이 펼쳐졌고 아주 멋있거나 너무 이상한 일들만 나왔어요. 일상을 다룬다고 하는 작품도 너무 상투적이고 뻔해서 감동을 주지 못하기 일쑤입니다. 우리의 이야기가 차츰 사라져가는 거죠. 세계에서도 유례를 찾아볼 수 없을 만큼 압축된 성장을 폭발적으로 이루어낸 도시 서울에서 그 안에 사는 사람들의 진솔한 이야기는 아무도 들어주지 않게 된 겁니다.

그 이야기를 찾기 위해, 청책토론회가 시작된 지 두 달도 채 안 되어 등장한 것이 '시민발언대'입니다. 서울시민 누구나 자신의 이야기를 자유롭게 할 수 있는 시민발언대 '할 말 있어요'를 청계 광장에 설치하기로 한 거죠.

아무리 노력을 해도 관공서는 불편한 곳입니다. 솔직히 그렇죠. 정치적 관심사에 대해서는 온라인상에서 활발한 토론이 이루어지기도 하지만, 다수의 관심사가 되지 않은 사회적 문제에 대해서는 개인의 의견을 펼치기가 쉽지 않습니다. 벽에 대고 말할 수도 없고, 들어줄 사람을 찾기도 어렵고요. 더군다나 시민 개개인이 일상생활에서 느끼는 삶의 애환은 친구 몇 명 붙들고 소주잔을 기울이지 않는 한 가슴속에 묻어두어야 했습니다.

시민의 진정한 참여를 이끌어내려면 진정으로 열려 있어야 했습니다. 그래서 청계광장에 반 평 남짓한 작은 연단 하나를 만들었습니다. 아무 말이나 하고 싶은 말을 하는 시민발언대입니다. 참여 방법도 쉽습니다. 서울시 홈페이지에 이름과 원하는 시간, 연락처만 적으면 그만입니다. 눈치 주는 사람도 없고 무슨 서류를 제출해야 하는 것도 아니에요. 벽이 없으니 시민의 발걸음은 가벼워졌고, 참여하는 마음도 가벼워졌습니다. 가슴이 열렸고 입이 열렸습니다.

2012년 1월 11일 11시, 마침내 한 시민이 첫번째로 청계광장 시민발언대에 올랐어요. 그날 참 추웠습니다. 발언하시는 분도 추우셨는지 '끝없이 계속되는 이 겨울을 어떻게 지낼 것인가'라는 화제로부터 이야기를 풀어놓으셨습니다. 말을 시작하니 추운 것도 잊으시고 씩씩하게 말씀하셨죠.

이후 시민들이 매주 수요일마다 시민발언대에 올랐습니다. 시민들은 삶의 애환에서부터 정책에 대한 쓴소리까지 하고 싶은 말은 무엇이든 쏟아놓았습니다. 어린이집에 대한 의견을 말할 수도 있었고, 통일에 대한 생각을 말할 수도, 재개발 정책에 대한 의견도 피력할 수도 있었어요. 물론 정치적으로 이용되지 않기 위해 정치적 목적이 있는 발언은 할 수 없게 했고, 싸움이 나면 안 되니까 개인에 대한 비난이나 욕설 역시 하지 못하게 되어 있습니다. 그것만 빼면 광대옷을 입고 물구나무를 서서 이야기해도 상관없습니다.

수화로 의견을 펼친 청각장애인도 있었고, 외국인 발언자도 있었습니다. 인기 연예인 샘 해밍턴 씨가 나와서 지하철역에 영어 표기가 부족하다는 점을 지적하기도 했죠. 한 방송국 PD는 자신의 라디오 프로그램을 홍보했고, 6살 어린이는 엄마 아빠에게 사랑한다는 말을 전했습니다. 젊은이들에게 격려를 하는 어른이 있는가 하면 또 누군가는 연단 위에서 춤을 추며 노래를 했습니다. 대한민국 국회의원과 대통령을 꿈꾼다는 고3 학생은 선거일에 꼭 투표하자고 했고요. 미래에 세계적인 작가가 되고 싶다는 초등학생의 씩씩한 이야기에 많은 분들이 박수를 쳐주시더군요. 슈퍼맨 복장으로 연단에 선 분도 있었고, 만 66세의 고독한 미혼남이자 기초생활수급자라고 밝힌 시민은 결혼 보조금과 영구임대아파트를 지원해달라고 호소하기도 했습니다. 심지어 연인에게 청혼을 하는 사람도 있어 솔로들의 시기 어린 시선을 받기도 했어요. 시민발언대는 교수가 학생들과 함께 참여하는 교육의 장이 되기도 했고, 청년과 노년이 일자리 정책에 대해 다른 해법을 말하는 균형 잡힌 아고라, 장애인과 다문화 가정이 정책적 배려를 호소하는 신문고가 되기도 했습니다.

3개월 동안 시범 운영을 해봤더니 총 12회에 걸쳐 149명의 시민들이 시민발언대 연단에 서서 마이크를 잡았습니다. 40~60대 장년층과 어르신들의 참여가 가장 뜨거웠지만, 10대부터 80대까지 다양한 세대의 시민들이 오셨죠. 역시 민원사항 및 시정에 대한 건의가 가장 많았고요. 사회문제에 대한 의견이나 주장, 개인적인 삶의 애환이나 고민 호소가 뒤를 이었습니다. 주택 재개발, 보육 복지 분야, 도로 교통 분야의 의견이 많았습니다. 이런 게 서울 시민들의 고민이고 관심거리인 것이죠.

저는 시민발언대가 그동안 하고 싶은 말이 있어도 기회를 얻지 못했던 일반 시민들이 자유롭게 의견을 개진할 수 있는 광장의 역할을 했다고 봅니다. 광장이 중요합니다. 무슨 일을 해도 용서받을 수 있는 광장이면 더욱 좋습니다. 뭉쳐 있는 것을 모두와 함께 허심탄회하게 풀어낼 수 있는 공간이 서울에 많아져야 합니다.

소리를 쳤으니 메아리가 와야겠지요? 시민발언대 정책의 핵심은 시민이 발언한다는 사실 자체에만 있는 게 아니라 무대 뒤에 숨어 있는 시민 참여 및 정책 반영 과정이 주인공입니다. 시민발언대를 담당하는 공무원이 관련 부서에 통보하고 후속 조치를 이끌어내는 역할까지 담당하고 있고요. 그에 맞춰 시민발언대에서 나온 민원과 정책 제안에 대해 해당 부서에서 답을 내놓습니다. 어떤 어머니는 지하철역 근처에서 차량진입방지 설치물에 넘어져 팔을 다치셨다기에, 바로 해당 지역에 연락해 정비하도록 했고, 나이 기준에 걸려 어린이집을 나오게 생겨 난처하다는 어머니를 위해 중앙정부에 어린이집에 대한 지원 기준을 바꿔달라고 요청하기도 했습니다.

간단히 조치하기 어려운 심각한 사항에 대해 발언하시면 주말에 저와 데이트하실 수 있는 기회가 생긴답니다. 제 집무실에서 시민과 담당 부서 실무자가 만나 심도 있게 이야기를 나누며 해결 방안을 찾는 것이죠. 필요하면 전문가나 법률가도 참석해 최대한 꼼꼼하게 현안을 살피려고 노력하는 중입니다.

주말 데이트까지 온 사안 중에 어느 다문화 가족의 이야기가 기억에 남습니다. 베트남 출신 아내와 결혼한 다문화 가정의 가장이 발언을 하셨습니다. 다문화 지원정책은 많지만 가장 절실한 것이 바로 집인데, 다문화 가정에는 이런 혜택이 없다는 점을 지적해주셨지요. 시프트 공공임대, 국민임대를 분양할 때 가산점을 주거나 우선공급 물량을 배정해주어야 한다는 의견이었습니다.

이 가족의 발언은 민원 조사담당관의 검토로 '시장과의 주말 데이트' 안건으로 상정되었고, 마침내 그 가족은 더운 여름 시장실에서 저와 만나게 되었습니다. 다문화 가족에 대한 복지 혜택은 저의 주요 관심사 중 하나이기도 했습니다. 검토해보니 유감스럽게도 장기전세주택은 법적 근거에 의해 입주 자격과 우선특별공급 기준을 규정하고 있어서 이 가족이 원하는 대로 우선공급이나 가산점 항목을 추가하는 것이 곤란했습니다. 저는 이 사실을 설명해드렸고, 대신 국토해양부에 '다문화 가정을 우선공급대상으로 포함해줄 것'을 건의하는 선에서 데이트를 마무리했지요. 데이트가 끝난 후 관련 부서인 임대주택과에서 이 가족이 활용할 수 있는 신설 제도나 법규에 대해 자세히 설명해준 것은 물론이고요. 시민의 의견이 중앙정부에 대한 건의로 이어진 의미 있는 경험이었습니다.

시민발언대 '할 말 있어요'는 2013년 1월부터 '시민청'으로 자리를 옮겨 상설 운영되고 있습니다. 추우나 더우나 시끄럽지 않은 곳에서 마음껏 이야기할 수 있게 된 거죠. 그 이야기가 차곡차곡 쌓이면 진짜 서울의 모습이 마침내 드러날 겁니다. 서울시의 시민발언대를 다른 지자체에서도 롤모델로 삼아 검토하고 있다니, 곧 서울을 넘어 우리나라 전역에 삶을 담은 목소리들이 넘쳐나게 되겠지요.

시민발언대

지금은 시민청으로 자리를 옮겼습니다. 사진은 처음 청계천변에 있었던 시민발언대의 모습이지요. 사진 속 우리 청소년들의 건강한 역사의식이 대견하고 멋있지요?

시장, 그까짓 거 내가 한번 해보지!
명예부시장

다루는 일이 커질수록 어쩔 수 없이 공백이라는 게 생깁니다. 저도 최대한 모든 일을 신경 쓰며 챙기고 싶지만, 중요한 일인데도 챙기지 못하는 사안들이 매일같이 들어오는 실정이죠. 참여도 마찬가지입니다. 모두에게 열어놓은 시민 참여이지만 열심히 하는 분들 중심으로 되기 마련이고, 여전히 이런 일에 익숙하지 않은 분들은 참여할 엄두조차 내지 못하고 있죠.

그런데 참여하지 않는다고 그분들이 안녕한 것은 아니잖아요? 더욱이 사회적 배려가 필요한 계층일수록 정책에 이런저런 의견을 내시는 분이 많지 않습니다. 그래서 꾀를 낸 것 중 하나가 명예부시장 제도입니다.

명예부시장은 현장의 숨어 있는 목소리를 내는 시민과 서울시를 연결하는 일종의 메신저죠. 해당 분야의 현장 목소리를 폭넓게 경청하고 그것을 시정에 반영하겠다는 저의 의지가 반영된 것이지요. 특정 분야의 전문성과 소통 능력을 지닌 시민 중 공개 모집을 통하여 명예부시장으로 위촉했습니다.

처음 명예부시장은 세 분야에서 뽑았습니다. 장애인, 어르신, 청년이죠. 명예부시장의 임기는 1년이고 일단 맡으면 이런저런 귀찮은 일도 적지 않습니다. 그런다고 보수가 나오는 것도 아니고 완전히 명예직이에요. 솔직히 걱정도 했습니다. 이런 일을 하겠다는 분이 있을까 싶었는데, 반응이 대단했어요. 3명을 선발하는데 79명의 시민이 지원해주셨습니다. 열띤 경쟁 끝에 세 분의 초대 명예부시장이 탄생했습니다. 저도 부시장님들이 갑자기 세 분이나 늘어나니까 마음이 든든하더군요. 몇 달 후에는 전통상인, 중소상인, 여성, 외국인 분야에서 명예부시장 네 분을 더 모셨습니다. 명예부시장 제도가 정착되면서 현재는 문화예술, 관광, 환경, 도시안전 분야까지 더해 총 11명의 명예부시장으로 확대되었습니다.

시민들한테 그럴듯한 감투 하나 씌워주고 생색내는 일이 되지 않기 위해 운영 지침을 마련해 명예부시장의 기능과 구성, 임기, 회의에 대해 규정을 세웠습니다. 연간 세부 활동 계획도 만들고 일정까지 조율해가며 부시장으로서 제대로 활동할 수 있게 준비를 했죠.

이분들이 열정은 있지만 행정에 대해서는 잘 모르는 부분이 있을 테니 교육과정에 참여해서 시정 방향과 정책에 대한 지식을 쌓도록 유도하기도 했습니다. 간부회의에 참여해서 적어도 한 달에 한 번은 저와 직접적으로 의견 교환을 할 수 있게 조치했습니다.

그분들이 보인 열정은 웬만한 공무원보다 더하면 더했지 결코 덜하지 않았을 겁니다. 현장을 돌며 각종 간담회, 청책토론회 등에 참석하여 시정에 개입했고, 해당 부서와 직접 협의하며 적절한 결론을 이끌어내기도 했습니다. 물론 처음 하는 일이다보니 명예부시장이 지시한 사항을 어떻게 해결해야 할지 해당 부서에서 난감해하는 일이 적지 않았죠. 이런 것들을 보완할 수 있는 여러 가지 장치들은 지금도 고민하는 중입니다.

명예부시장 제도는 시민과 서울시가 서로 입장을 바꿔 상대방을 이해할 수 있는 역지사지의 기회이기도 합니다. 내 입장만 고집하는 것이 아니라, 상대방이 어떤 상황에 처해 있고 무슨 일을 하며 어떤 고민을 하는지 그 역할을 몸소 체험하고 이해하는 소통이 가능해진 것이죠. 저도 가끔은 제가 열심히 하는 걸 시민들이 잘 봐주었으면 하는 마음이 있고, 시민들도 힘든 일을 시장과 있는 그대로 나누고 싶어합니다. 명예부시장이라는 형식 안에서 그런 것들이 부분적으로나마 이루어지는 것이죠.

겉으로 보기에는 시에서 할 법한 형식적인 행사 중 하나로 생각하실 수도 있을 겁니다. 그러나 저에게는 쉽지 않은 도전이었습니다. 그냥 보여주기식으로 하면 어려울 게 없죠. 정말 부시장으로서 기능하고 그들이 갖고 있는 현장성을 시정에 현실적으로 반영하도록 시스템을 만드는 일이 까다로웠습니다. 벽을 없애고 없애도 서울시에는 오랫동안 구축해온 구조가 있고 통용되는 언어가 있습니다. 그걸 모르는 사람이 행정 실무에 접속해 실질적으로 무언가를 하기가 어려운 거죠.

더 큰 문제는, 생업이 있는 시민이 1년이라는 적지 않은 시간을 시에 봉사하기 위해 왔는데 별다른 성과도 없고 아무 감동도 없이 돌아간다면, '관에서 하는 일이 그렇지' 하는 인식만 더 뿌리 깊게 심어주는 결과를 낳는다는 점입니다. 이것만큼 큰 실패가 없는 거죠.

정치인으로서 간접 민주주의와 직접 민주주의의 간극을 최대한 좁히고 싶은 게 제 욕심입니다. 그러기 위해서는 행정의 핵심에 일반 시민이 불쑥 들어와도 이질감이 없도록 모두 공개되어야 하고 집행 방법은 쉬워야겠죠.

거꾸로 명예부시장 제도가 성공적으로 정착되고 부시장님들이 자기 역할을 잘할 수 있는 여건이 된다면, 행정을 전혀 모르는 시민이 와서 부시장 노릇을 해도 아무 문제가 없는, 훌륭한 서울시가 될 수도 있다는 뜻 아니겠어요? 시민이면 누구나 부시장이 아니라 시장을 해도 지장 없는 도시라면 얼마나 격의 없는 곳이겠습니까. 명예부시장님들의 활약상을 보며 그런 꿈이 조금씩 이루어지는 것 같아 즐겁기만 합니다.

주말 데이트

2013년 12월 28일이었습니다. 신당초등학교 학교 동아리, 신당 ECO-LOVE 어린이들이 제게 민원을 들고 왔지요. '주말 데이트' 시간이었는데요. 교내 음수대의 3가지 문제점과 개선안을 어찌나 야무지게 설명하던지 하도 예뻐서 제 눈에서 하트가 무한 발사되었답니다. 그래서 제가 에너지 수호천사 홍보대사로 그 어린이를 임명하라 했어요. 물론 민원의 내용도 저역시 야물게 기억하고 있답니다.

1. 현재 학교에 적정하게 음수대가 배치되어 있지 않다.
2. 학년마다 키가 다 다른데 음수대 높이는 다 똑같아서 키가 작거나 큰 친구들이 물을 마시는 데 어려움이 있다.
3. 여름에 음수대를 이용할 때 물이 시원하지 않고 미지근하다.

소통을 직거래합니다
정책박람회

"국가는 모든 국민을 위한 좋은 집이 되어야 한다."

이 매력적인 구호는 복지국가 스웨덴의 역사를 관통하는 정신이
죠. 복지국가의 길을 '달팽이의 긴 여정'으로 보고, 그 달팽이가 찾
아가는 '국민의 집'에서 '모든 아이는 모두의 아이', '모든 것은 장애
인의 관점으로' 등의 비전이 실현되는 과정이 스웨덴을 만들었다
고 합니다.

이 같은 역사에서 걸출한 두 명의 총리가 있으니, 페르 알빈 한
손 전 총리와 올로프 팔메 전 총리입니다. 한손 총리가 '국민의 집'

을 건설하기 위해 사회적 격차 해소와 사회적 돌봄 정책, 경제적 균등 정책을 천명하며 기틀을 닦았다면, 팔메 총리는 냉전시대를 통과하며 스웨덴식 복지를 완성한 인물이죠. 특히 팔메 총리는 밖으로는 세계 평화를 이끈 외교가로, 안으로는 복지국가의 이념을 '사회적 합의'로 이끌어내며 사회민주노동당의 정치적 저력을 다진 인물로 높은 평가를 받습니다.

1969년 사회민주당 당수이자 유럽 최연소 총리가 된 팔메 총리는 고용안전법, 임금노동자경영참여법, 실질적인 양성평등 정책 등 복지체계를 세웠습니다. 무엇보다 팔메 총리는 가족과 친구로 이뤄진 '작은 세상'에 높은 가치를 두고, 이들의 작고 소박한 행복을 위해 민주주의와 복지국가가 전제되어야 한다는 철학을 가지고 있었죠. 생동하는 민주주의야말로 건강한 개인생활의 필수조건이고, 복지국가는 소박한 삶을 지키는 기반이라는 겁니다. 이처럼 단순명쾌한 정리를 찾기도 쉽지 않습니다.

팔메 총리와 함께 오늘날 복지국가 스웨덴을 실현한 결정적 주인공은 국민이기도 합니다. 실용주의적인 국민들은 사민당과 보수당을 넘어 '스웨덴식 복지체계를 더 잘 관리할 수 있는' 정당을 선택했고, 그 길에서 벗어나지 않도록 잘 지지해왔습니다. 그리고 그

바탕에 '알메달렌 정치박람회'가 있습니다. 모든 정책을 사회적 합의를 통해 시행하는 스웨덴의 힘을 보여주는 상징이 바로 휴양지 고틀란드 섬에서 열리는 정치 축제 알메달렌 정치박람회입니다.

알메달렌 박람회는 팔메 총리가 사회민주당 당수를 지내던 1968년, 고틀란드 섬 비스뷔 시에 있는 시민 공원 알메달렌에서 직접 트럭 위에 올라 격의 없는 정치연설을 한 것에서 출발했습니다. 당시 500여 명의 시민과 함께한 팔메의 연설은 큰 인기를 얻었고, 이것이 매년 7월 사회민주당의 정기 정치연설회로 자리 잡았어요. 그러다 2000년대 들어 유럽과 북미의 정치지도자가 초청되면서 알메달렌 정치박람회로 성장했습니다.

서울의 정책박람회는 사실 이 알메달렌 박람회에서 따온 것입니다. 저는 시장이 되기 전인 2011년에 이 박람회를 방문했는데요, 일반 시민에서 총리에 이르기까지 많은 이들이 이 작은 섬에 모여 다양한 주제를 두고 열띤 토론을 벌이는 것을 보며 큰 감명을 받았습니다. 이런 대화와 소통에 관한 감동이 바로 서울시 정책박람회의 기반이 되었습니다. 40년이나 늦긴 했어도 지금이라도 할 수 있으니 다행이고 행운이라고 생각합니다.

정책박람회를 준비할 때 첫 내부 논의부터 핵심은 '시민 주도'를 어떻게 실현할 것인가였습니다. 그러자면 시민의 의견을 듣는 일부터 시작해야 했고요. 이를 위해 시민 자문회의를 열었습니다. 세 차례의 자문회의를 통해 압축된 논의는 정책박람회 전체 방향을 잡고 중요 사안을 결정하는 '기획위원회'를 구성할 것, 그리고 구성 방향은 정책과 시민 참여, 문화 기획 등 정책박람회 관련 분야에서 전문성을 확보하고 여성과 청년 등 분야별 대표성까지 고려할 것 등이었죠. 단순 조언을 넘어 기획 과정부터 시민이 주도하는 것을 분명히 한 결정이었습니다.

이어 각 부서와 시민단체에 기획위원 추천을 의뢰해 총 12명의 시민으로 기획위원회가 구성되었습니다. 기획위원회를 꾸려가며 '말이 씨가 된다―서울을 바꾸는 천만의 생각'이라는 슬로건을 확정했습니다. 이후로 이분들이 종횡무진 활약하면서 사실상 정책박람회를 꾸려낸 것이나 다름없죠. 여기에 시민행사지원단이라는 시민들의 자원봉사단도 합류했습니다.

박람회에서 워낙 여러 가지 일이 벌어졌기에 모든 일을 자랑하기는 어려울 것 같고 몇 가지만 소개해드리도록 하지요.

일단 100개가 넘는 단체들의 신청을 받아 광장에 다양한 부스를 세워 시민들끼리 소통하고 토론할 수 있게 했습니다. 서울시의 알짜 정책을 브리핑하는 자리도 있었습니다. 역시 시민이 가장 궁금해하는 이슈에 대해 먼저 시민에게 물은 후, 일자리와 환경, 복지 등 각 분야에 걸친 서울시 정책을 나름 발랄하고 신선한 방식으로 발표하고 즉석에서 시민의 반응을 물어 점수를 매겼습니다. 다양한 분야에 대한 토론회도 벌어졌죠.

특히 정책아이디어마켓을 빼놓을 수 없습니다. 정책박람회를 할 때는 서울시 신청사 로비를 장터로 바꿨습니다. 주요 거래 품목은 시민들의 아이디어였고요. 시민이 팔고 싶은 아이디어를 제안하면 시가 구입합니다. 부스를 세워놓고 시민이 방문하면 부서장이 바로 면담을 하고 정책 반영 가능성을 즉석에서 대답합니다. 아이디어는 무조건 삽니다! 강매해도 사야 하고 떨이도 사야 합니다. 전국 최초의 오프라인 아이디어장터, 정책아이디어마켓은 정책박람회의 최고 히트상품이었습니다. 정말 깜짝 놀랄 만한 아이디어가 많았어요.

부스에서는 시민이 궁금해하는 주요 정책과 업무를 안내하는 일도 챙기기로 했습니다. 서울시의 국장, 본부장, 실장들이 전부 나와 있어 시민이 궁금한 점을 물어보면 바로 답을 얻을 수 있었습니다. 여기에 공무원들만이 아니라 위촉된 민간 전문가까지 대동해 마켓을 함께 운영하면서 더욱 효과적인 답변을 제시할 수 있도록 구성했죠.

여전히 관이 많이 개입하고 공무원들이 땀을 뻘뻘 흘리며 행사를 진행하고 있습니다만, 저는 완전히 이 행사가 시민의 것이 되었으면 하는 마음이에요. 기획위원회 주도하에 이뤄진 정책박람회가 점차 자리를 잡아가면서, 장기적으로는 시민들의 직접 운영까지 하는 '시민조직위원회'로 발전할 수 있는 주춧돌을 세웠다고 생각합니다. 2014년에는 시민의 참여가 더 많이 보장되는 세 번째 서울시 정책박람회를 선보일 예정입니다.

정책박람회
서울시청 신청사에서 열리고 있는 '희망정책박람회'의 모습입니다. 스웨덴 알메달렌 정치박
람회를 보고 '우리도 이러한 민의의 전당을 만들 수는 없을까?' 고민하던 끝에 마침내 제게
기회가 온 것이었어요. 이 축제에서는 시민 여러분이 어떤 정책 제안을 하셔도 서울시 간부
들이 직접 듣고 함께 논의하게 되어 있습니다. 시민 여러분, 그거 아시나요? 신청사 공간의
38%는 시민에게 개방되어 있습니다. 그러니 평소에도 신청사의 주인은 시민 여러분이지만,
이 '희망정책박람회'가 열릴 때의 시청은 그야말로 서울시민의 공간으로 탈바꿈합니다.

토론은 일방적으로 듣는 것이 아니고
아이디어와 논리와 감정이
묻어가는 과정에서
엉뚱한 방향으로
발전하는 것 입니다.

다같이 돌자, 동네 한 바퀴
현장시장실

은평뉴타운에는 서울시 산하 SH공사 소유의 대형 평수 아파트 615채가 미분양 상태로 남아 있었습니다. SH공사의 채무가 15조 원에 이르는데 어찌 신축한 지 4년이나 지난 이 아파트들이 안 팔리고 있단 말인가! 참으로 한심한 일이었습니다. 무조건 가보자, 모두 분양될 때까지 그곳에 죽치고 있겠다, 이런 결심을 하면서 그곳에 현장시장실을 차렸습니다. 9일 동안 공공 건축가들을 동원하여 아파트 구조의 개선, 대금 지급 조건 개선, 마케팅 강화 등 여러 조치를 취했습니다. 하자 보수, 생활 불편을 일거에 해결했습니다. 중심 상업지구의 해결과 강남까지 30분 만에 갈 수 있는 신분당선 지하철의 연장 등도 이때 발표했습니다. '이름은 은평, 가치는 금평'이라는 광고 카피도 이때 나왔습니다. 현장성과 집중성은 놀라운 효과를 낳았습니다. 현장시장실 이후 60일 만에 미분양 615채가 모두 분양되었습니다. 그 후 '완판왕'이라는 별명이 저에게 붙었습니다.

이렇게 은평뉴타운을 시작으로 강서구와 양천구, 영등포구, 광진구, 동작구 등에서 1박 2일씩 현장시장실을 운영하며 1만 5천여 명의 시민들을 만났습니다. 자치구 한곳을 지정해 적절한 곳을 빌려 시장실을 열고 시민들이 와서 하고 싶은 말을 하는 거죠. '현장에 답이 있다'라는 생각으로 20개 자치구를 돌며 지역의 교통과 문화, 복지 등 주민 생활과 밀접한 모든 이슈를 듣고 직접 보며 함께 해결책을 찾고자 했습니다. 길게는 10년 이상 된 지역의 오랜 과제와 숙원사업이 특히 제 관심사였습니다. 혹시 제가 직접 가면 그렇게 안 풀리던 문제도 실마리를 찾을 수 있지 않을까 싶었던 거죠.

먼저 지역 현안에 밝은 지역언론과의 오찬간담회를 시작으로 지역이 안고 있는 10개 내외의 주요 현안을 설명하는 구청의 '지역현안 설명회'가 끝나면 곧바로 구청장, 공무원, 지역주민이 함께하는 현장방문이 이루어집니다. 설명도 설명이지만 현장에서 보면 모든 문제가 한눈에 들어오는 경우가 많죠.

현장방문 후에는 '주민대표와의 대화' 시간을 가져 동 단위의 숙원사업과 고충을 직접 듣는 기회를 갖고, '지역 현안 검토회의'에서는 시장·구청장 및 관계 시·구 간부가 모두 한자리에 모여 자치구별 주요 안건을 집중 논의하고, 시·자치구의 역할과 재원조달 방안 등에 대해 열띤 토론을 벌인 후 결론까지 내는 숨가쁜 일정이 이어집니다. 때로는 자정까지 구청장과 자치구의 간부들과 서울시청 간부들 사이에 격론이 벌어지기도 했습니다.

이렇게 도출된 자치구 주요 현안에 대한 추진 방향 등은 그다음 날 제가 직접 '지역주민 청책토론회'를 열어 발표합니다. 시간이 허락하는 선에서 '자치구 직원 조례'를 통해 평소 접할 기회가 적었던 자치구 직원들의 현장 목소리를 듣기도 합니다. 현장시장실이 끝나고 나면 현장시장실에서 나온 내용을 해결할 수 있도록 부서별로 어떻게 나설 것인지, 추가로 검토할 것은 없는지 회의를 하고 이후로도 정기적으로 평가와 보고를 합니다.

반응은 뜨거웠습니다. 광진구의 경우 구가 생긴 이래 공식적으로 방문한 서울시장이 제가 처음이라고 하더군요. 서울이 넓다지만 서운하다면 서운했을 일이죠. 시장을 가까이서 보니 그냥 좋다는 분도 있었고, 시장 앞에서 이런저런 이야기를 하는 걸 감격스러워하시는 분도 있었습니다. 서울시에 속해 있는 구의 입장에서 생각해보면 지역의 현안을 중심부에 알릴 수 있는 기회가 별로 없습니다. 구마다 다르긴 하지만 구의 재정적인 부분을 시에 많이 의존하는 경우가 특히 그렇죠. 시가 결정한 것을 수행하는 정도에 그치기 일쑤였습니다. 그런데 시장이 오니까 수십 년 묵혀온 현안이나 예산이 많이 들어가는 사업 등에 대해 직접 요청할 수가 있는 거죠. 더구나 부시장 이하 전 시청 간부가 나와 그날 밤중에 토론하고 결말을 지으니 10년 묵은 체증이 내려가지 않았겠습니까?

이와 반대로 제 생각을 직접 지역에 전달할 수 있는 기회도 별로 없습니다. 말이라는 건 내가 관심 있는 주제와 결합할 때 의미가 있습니다. 아무리 좋은 말이라도 당장 내가 관심이 없으면 귀에 들어오지 않아요. 제가 지역의 이야기를 듣고 거기에 맞춰 제 생각을 얹어 말하면 지역에서 제 생각을 이해하는 데 훨씬 도움이 됩니다.

결과적으로 구와 시가 따로 생각하고 따로 행동하는 게 아니라, 구의 현안이 곧 시의 현안이며 시의 고민이 곧 구의 고민이라는 점을 확인할 수 있는 기회가 아니었나 싶습니다. 시장이 와서 은혜(?)를 내려주듯 구의 일에 관심을 갖고 뭔가를 해주는 게 아니라는 거죠.

현장시장실에 제가 쓴 시간이 총 119일인데요, 그 119일은 시장이 현장에 다가갈 수 있는 거의 최대치의 기간이 아니었나 생각합니다. 또한 그 119일은 참으로 소중한 시간이었습니다. 보궐선거를 통해 당선된 저의 서울시장 임기는 총 2년 8개월밖에 되지 않아 진실로 하루하루가 귀한 시간일 수밖에 없는데요, 그래도 현장시장실 119일은 하나도 아깝지 않은 시간이었어요. 구청과 지역주민에게는 지역현안의 해결이라는 선물을, 제 입장에서는 지역문제의 온전한 파악이라는 선물을 주고받을 수 있었기 때문이랍니다.

행정이 부릴 수 있는 마법이 가장 극적으로 드러나는 곳이 바로 현장시장실이었습니다. 사실 현장시장실이 차려진 곳에서는 온갖 민원과 쌓인 불만이 터져 나오기도 했습니다. 욕설을 하는 사람도 있고 피켓 들고 박원순 물러나라고 소리치는 사람도 있죠. 좋은 소리, 싫은 소리 다 들으러 가는 게 현장시장실입니다. 그 갈등의 소용돌이 속에서도 제가 침착하게 경청하고 진심을 가지고 최선을 다해 답변하면 결과적으로는 박수가 쏟아졌습니다. 지금껏 그 어떤 시장도 이렇게 활활 타오르는 분란과 민원의 현장 속으로 들어간 사람은 없었습니다. 시장에게 할 말 안 할 말 다 할 수 있고, 시장이 그 말들을 끝까지 들어준다는 사실이 모두가 박수칠 수 있는 감동이 된 것이지요.

영등포에서는 제가 추진하는 정책에 반대하는 분들이 흥분해서 현장시장실을 잠시 봉쇄하기도 하셨어요. 제가 어려우신 분들을 위한 반값식당을 열자고 제안했는데 손님을 잃을 것에 대한 우려에서 그렇게 나왔던 것 같아요. 이분들을 직접 만나 오랫동안 이야기를 나누고 상인들의 고민에 공감해 반값식당을 잠정 보류했습니다.

군대에서는 높은 사람이 일선 부대를 방문하면 민폐라고 하죠? 혹시 트집이라도 잡힐까 치밀하게 준비를 해야 하기 때문에 피곤하다는 거죠. 장군은 일선 부대의 실태를 살피러 오지만 그의 눈에 비친 부대의 모습은 날것이 아니지요. 예전 초등학교는 어땠습니까? 장학사가 온다고 하면 온 난리를 치며 평소에 하지도 않던 '학습목표' 같은 걸 칠판에 적던 게 우리네 모습 아니던가요.

진짜를 보고 싶다면 스스로 소통할 준비를 하고, 꾸짖고 야단치며 권위를 내세우는 게 아니라 부족한 부분을 채워주겠다는 진심을 가지고 다가서야 합니다. 저는 검사를 하러 간 것이 아니라 진정한 문제 해결을 목표로 다가갔기에 현장의 많은 것들을 실물로 보고 들을 수 있었다고 생각합니다. 진짜를 만나고 싶다면, 진심을 가지고 다가서야 합니다.

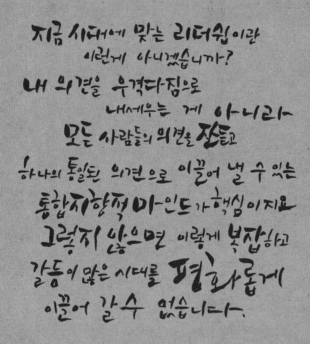

지금 시대에 맞는 리더쉽이란
이런게 아니겠습니까?
내 의견을 우격다짐으로
내세우는 게 아니라
모든 사람들의 의견을 잘듣고
하나의 통일된 의견으로 이끌어 낼 수 있는
통합지향적 마인드가 핵심이지요
그렇지 않으면 이렇게 복잡하고
갈등이 많은 시대를 평화롭게
이끌어 갈수 없습니다.

채우는 것이 소통입니다
시민청

공간에 대한 제 생각은 단순합니다. 공간은 그 목적에 맞게 설계되어야 한다는 것이죠. 이 말은 목적에 대한 치밀한 고민이 있을 때 의미 있는 공간이 만들어질 수 있다는 말이기도 합니다. 서울시에서 만드는 공간이라면 어떻게 하면 시민 중심의 공간이 될 수 있을지 잘 따져봐야 하겠죠. 그 공간이 가장 상징적인 공간인 시청이라면 더욱 그렇겠고요.

저는 광장을 좋아합니다. 광장은 열린 공간이자 비어 있는 공간이죠. 다수의 사람이 어떤 일이든 벌일 수 있는 곳입니다. 여러 가지 측면에서 성공적인 도시의 모델로 평가받는 브라질의 쿠리치바에서는 국제적인 형태의 광장이 매주 열립니다. 차 없는 거리에 국제벼룩시장이 서고, 갖가지 문화 행사로 사람들이 구름처럼 몰려듭니다. 글로벌 축제가 시도 때도 없이 열려 그곳에만 가도 지구촌을 실감할 수 있죠. 먹을 것부터 온갖 것을 파는 이동상점과 작은 규모의 상점들도 빼놓을 수 없고요. 그냥 지켜보기만 해도 재미있고 생동감이 넘칩니다.

그런 곳이 벌어지는 광장은 비어 있는 순간에도 충만감이 느껴집니다. 저는 그 충만감을 사랑합니다. 안타깝게도 서울에는 그런 공간을 거의 찾아볼 수 없어요. 삶의 한가운데 위치하면서 그 시대를 상징하고 역사가 서려 있는 그런 곳 말입니다. 차만 쌩쌩 다니고 어딜 가나 똑같은 모양의 가게들만 들어차 있으니 도시에 활기가 없고 우울하기까지 하죠.

제가 시장에 취임했을 때 서울시 신청사는 거의 완공을 앞두고 있었어요. 솔직히 신청사의 외양이나 구조가 여러 가지로 마음에 들지 않았던 게 사실입니다. 그러나 어쩌겠습니까? 이제 와서 건물을 다시 지을 수는 없으니, 건물 안에 들어갈 내용에 대해 고민을 했습니다.

신청사의 겉모습은 세련된 최신식 건물로 보일지 몰라도 구성은 구청사와 딱히 다를 것이 없었어요. 시청은 시민을 위해 존재하는 것인데, 시민을 위한 공간이 없고 공무원들의 편의만 고려되어 있었죠. 좋은 방법이 없을까 고민하고 있는데 시청 지하 공간이 눈에 들어오더라고요. 이곳이 서울의 광장이 될 수 있겠다는 생각이 들었습니다.

원래 그 자리에는 시티갤러리라는 이름으로 시의 정책을 홍보하는 부스들을 설치할 예정이었습니다. 정책 홍보도 좋지만 저는 그 공간을 시민들을 위해 비워버려야겠다고 마음먹었습니다. 비우면 뭘 하냐고요? 그건 시민들이 알아서 할 일이죠. 깨끗하고 좋은 건물과 넓은 공간이 있으면 시민들이 하고 싶은 무언가를 신나게 할 수 있지 않겠습니까?

사실 행정에 익숙해진 사람은 무언가를 비운다는 게 쉬운 일이 아닙니다. 뭔가를 보여줘야 성과로 인정받을 수 있는데, 그것을 채울 수 있는 정해진 시나리오가 있기 마련이거든요. 그런데 다짜고짜 시민들에게 넘겨줘버리면 이 불특정 다수가 무슨 일을 저지를지 걱정되고 두려운 것이죠. 자기들끼리 정한 딱딱한 기준에 맞춰 성과체제가 정해지고 그에 맞춰 성과를 내고 평가받는 관행에 익숙해진 결과입니다.

　이제까지 관에서 하는 행사라고 하면 어떤 인상을 받으셨나요? 뭔가 좀 구태의연하고, 규모는 있는데 최신 유행에는 뒤떨어지고, 가던 사람이나 가는 거라고 생각하진 않으셨나요? 틀에 맞춰서 일을 꾸미면 세상의 흐름을 따라잡기에 역부족입니다. 기준을 세우는 속도보다 세상이 변하는 속도가 훨씬 빠르기 때문이죠. 그 속도감을 따라잡는 유일한 방법은 세상에 일을 맡겨버리는 겁니다. 시민에게 공간을 맡기면 시민이 느끼는 속도로, 시민의 감각대로 알아서 그곳이 성장합니다.

　'시민청'은 이름부터가 경청을 담고 있습니다. '관청 청廳' 자 대신 '들을 청聽' 자를 사용하여 '경청의 마당'이 되고자 하는 뜻을 담고 있어요. 시민청의 심벌 및 로고도 '경청하는 귀'를 상징하여 디자인했습니다. 시민청은 '열린 공간이자 자유로운 마당'이죠. 무엇이든 할 수 있고 누구나 참여할 수 있는 공간입니다. 영어로도 City Hall이 아니라 Citizens' Hall이지요.

　그렇기 때문에 이곳은 늘 변화하는 곳이기도 하죠. 시민청에 지금 뭐가 있느냐고 물으신다면 직접 만나봐야 알 수 있다고 말씀드려야겠습니다. 서울에 계신 분은 한번 방문해보시고, 멀리 사시는 분은 홈페이지에서 소식을 접하실 수 있습니다. 2013년 1월에 문을 연 후로 150만 명 가까이 방문했고 갖가지 일들이 매일 벌어졌습니다. 공연, 전시, 토론, 강좌, 마켓은 물론 청책워크숍, 토론회, 시민대학 등등…… 시민청에서 결혼하는 커플도 있답니다.

앞으로는 더욱더 시민들에게 시민청을 돌려드릴 계획입니다. '시민이 청장입니다'라는 슬로건 아래 30~40명 규모의 시민기획단을 꾸려 시민청 프로그램 기획 및 개발, 출연진 결정, 섭외와 실행까지 시민이 마음대로 하게 될 겁니다.

이 모든 계획 중에서 결코 잊어서는 안 되는 것 하나는, 시민청에는 늘 여백이 있어야 한다는 점이죠. 누군가의 주도나 정해진 생각으로 꽉 짜인 스케줄대로 돌아가는 게 아니라, 언제라도 누구라도 시민청과 함께할 수 있는 여지를 반드시 남겨놓아야 한다는 게 제 생각입니다. 끊임없는 참여 속에 소통이 생기고, 시민청이 이름 그대로 시민의 목소리를 듣는 제 기능을 수행할 수 있을 테니까요.

소통의 성격 중 하나는 비워야 한다는 겁니다. 머릿속이 꽉 차 있으면 새로운 지식을 얻을 수 없습니다. 마음이 꽉 차 있으면 다른 사람의 마음을 받을 수 없어요. 양손 다 뭔가를 잔뜩 움켜쥐고 있으면 다른 손을 잡을 수 없습니다. 비어 있는 곳을 채우는 과정이 소통이 됩니다.

지금 혹시 주변에 살리고 싶은 공간이 있나요? 그렇다면 그 공간을 비우는 일부터 준비해보세요. 그리고 가능한 한 룰을 정하지 말고 다양한 사람이 참여할 수 있는 여지를 만드십시오. 많이 비우고 다양한 참여가 일어날수록 그 공간은 이전과 비교할 수 없는 환상적인 곳으로 거듭날 겁니다.

사람은 자기가 그리는
우주만큼 성장합니다.

작은 혁신이 모여
커다란 변화를

서울시에는 많은 변화가 일어났습니다. 기존의 시각으로 보면 파격적이라는 평가가 나올 정도로 새로운 정책과 혁신적인 시도가 이어졌죠. 이러한 변화는 그 중심에 '시민이 시장'이라는 새로운 시정 철학이 자리 잡고 있었기에 가능한 일이었습니다. 1천만 시민이 시장이 되어 서울 시정의 정책 아이디어를 만들고, 그 정책이 잘 이행되고 있는지 꼼꼼히 따지는 시민 참여 시스템의 정착이 가장 큰 특징이고요.

작은 정책 하나를 만들더라도 이해 당사자는 물론이고 해당 분야의 전문가와 시민활동가, 시민들과 끊임없이 소통하고 대화를 나누며 의견을 청취하는 과정을 반드시 거치는 행정 체계가 자리 잡기 시작한 겁니다. 이러한 소통과 경청의 행정은 시민과 함께 고민하고 노력하며 모두가 참여하는 거버넌스 행정으로 이어졌습니다.

실제로 눈에 띄는 변화도 일어났습니다. 모든 정책을 시민과 함께 만들어간다는 상징적인 의미로 결재 문서의 최상단에 '시민결재' 칸을 새롭게 만들어 최종 결재권은 언제나 시민에게 있다는 의미를 되새긴 일이나, 시장실 한쪽 벽면을 시민들의 바람과 염원을 담은 노란 메모지로 가득 채운 일 등은 서울시가 시민과 함께하는 '소통'을 어느 정도로 염두에 두고 있는지 한눈에 알 수 있게 해주는 대표적인 사례죠.

시장실의 큰 책상도 시민들이 쓰던 폐가구를 이어붙인 것으로, 시정을 펴면서 시민들의 삶을 살펴보라는 의미가 숨어 있어요. 그야말로 시민 중심, 시민소통의 가치들이 곳곳에 스며들어 있답니다. 이제는 시민참여, 시민소통이라는 가치가 어느 정도 정책을 마련해가는 기틀로서 자리를 잡았습니다. '청책토론회'로 대변되는 여러 수단을 통해 시민 의견 수렴과 숙의 후에 정책을 마련하고, 실행 단계에서는 시민, 시민단체와의 거버넌스를 통해 실현해 나

간다는 모델이죠. 이런 식으로 시민과 시가 함께하는 힘을 받아 실제로 이루어낸 일들을 몇 가지 골라 소개하려고 합니다. '잘 듣자'는 마음 하나가 이뤄낸 일들입니다.

혁신이라고 하면 큰 변화, 과감한 변화가 떠오릅니다. 우리는 혁신을 세상에 없던 완전히 새로운 것이라고 생각하기 쉽습니다. 스티브 잡스의 아이폰처럼요. 물론 아이폰이 대단한 혁신인 것은 맞습니다. 업계의 지각변동은 물론이고, 우리 삶에 엄청난 변화를 가져왔죠. 그러나 이런 혁신이 어느 날 갑자기 하늘에서 떨어진 것은 아닙니다. 알고 보면 오랜 기간 동안 작은 혁신들이 모여 커다란 변화를 만들어낸 경우가 많습니다. 세상의 흐름을 읽으면서 사람들의 목소리를 들으면서 작은 혁신을 계속하다보면 큰 혁신의 기회가 주어지는 것이지요.

저는 작은 혁신을 중요하게 생각합니다. 대형 프로젝트처럼 큰 예산이 투입되는 것도 아니고 엄청난 주목을 받는 것은 아니지만, 시민들의 삶과 밀접한 생활의 문제를 바꾸는 것이 진정한 혁신이라고 믿기 때문입니다. 서울시가 이제까지 해낸 대부분의 일들이 일상생활에서 매일 부딪히는 삶의 문제들을 해결하고자 노력한 결과들, 바로 작은 혁신입니다. 분수대에서 신나게 노는 아이들을 위해 분수대 옆 탈의실을 마련하는 것 같은, 시민에 대한 사소한 배려들이죠. 혁신은 한 번 하고 끝나는 것이 아니라 일상적인 습관처럼 시민들의 생활에서 점진적인 변화를 만들어내는 과정입니다. 그래서 작은 혁신이 중요합니다.

꼭 필요하진 않지만 지어놓으면 폼이 나는 커다란 랜드마크를 만들어 제 이름을 붙여놓으면 그 건축물을 지나갈 때마다 제 이름을 떠올릴 수는 있겠지요. 하지만 시민은 바보가 아닙니다. 허공에 뿌려진 예산과 행정소요를 대번에 눈치채고 말지요. 저는 지금의 제가 시민에게 사랑받을 수 있는 진짜 길로 가고 있다고 믿습니다.

시 행정도 시민의 진짜 삶과는 멀리 떨어진 화려한 치적을 만드는 데 집중할 것이 아니라 당장의 일상에 보탬이 될 수 있는 실질적인 고민을 해야겠죠. 서울시장이 되고 2년이 조금 넘는 시간 동안 제 이름을 대대적으로 내걸고 했던 사업은 없었습니다. 새로 시도하는 사업이 있었다 해도 모두 시민의 뜻에 따라 시작되었으니 그 사업의 주인공은 시민이죠. 저는 이미 만들어지고 있는 것들을 세세하게 뜯어보고 원래 기능을 잘 발휘할 수 있도록 하는데 대부분의 시간을 투자했습니다. 눈에 보이는 성과는 덜하더라도, 서울시민을 조금 더 잘 살게 하는 데는 성공적인 시도였다고 생각합니다.

적수성연積水成淵. 한 방울, 한 방울의 물이 모여 연못이 된다는 말입니다. 작은 물방울들이 모여 비로소 큰 연못이 되듯이 서울의 변화는 작은 것에서부터 시작됩니다. 한 사람, 한 사람의 땀방울이 모여 서울이라는 거대한 도시의 모습이 바뀌고 있는 것입니다.

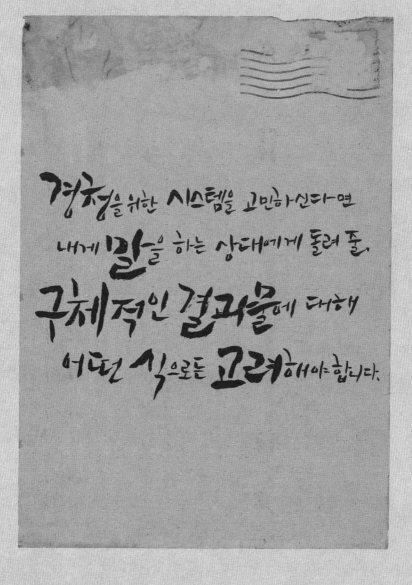

경청을 위한 시스템을 고민하신다면
내게 말을 하는 상대에게 돌려 줄.
구체적인 결과물에 대해
어떤 식으로든 고려해야 합니다.

갈등의 예방학
갈등조정관

〈마이너리티 리포트〉라는 영화 아시나요? 미래 사회를 배경으로, 범죄가 일어나기 전에 미리 예측해 사전에 범인을 잡는 시스템을 상상력으로 그려낸 영화죠. 이 영화는 벌어지지도 않은 일의 책임을 묻는 것이 가능한지에 대한 부분부터 여러 가지 생각할 거리를 던져주었습니다. 제가 흥미롭게 본 건 어떤 좋지 않은 일을 미연에 방지한다고 했을 때 과연 이런 방법이 올바른 것일까 하는 부분이었죠.

상당수의 범죄는 동기가 있습니다. 불편한 마음, 불우한 환경, 해소될 수 없는 결핍이 결국 범죄를 부르지요. 진짜 예방은 행위를 단속하는 게 아니라 범죄를 일으키는 그 마음을 보살펴야 가능한 게 아니겠습니까. 또 범죄를 온전히 개인의 책임으로 돌리지 않고 사회 전반의 분위기를 살피려는 총체적인 접근 또한 필요할 테고요.

서울시가 시도하는 것 중에 범죄예방 환경설계CPTED라는 게 있습니다. 어둡고 음침한 환경에서 범죄가 자주 일어난다면, 가로등을 많이 설치해 밤에도 잘 보이게 하고 밝고 활발한 색채로 거리와 건물을 디자인해 범죄를 줄여보자는 거죠. 동네 사람들 보기에도 좋고, 범죄도 줄어든다니 일석이조입니다. 감방을 늘리고 형량을 무겁게 하는 것보다 이런 시도들이 진짜 범죄예방 아닐까 싶습니다.

제가 서울시장이 되고 나서 심도 있게 고민했던 갈등의 예방 또한 같은 맥락입니다. 아마 시장이 된 후 갈등보다 더 열심히 공부했던 분야는 없었던 거 같아요. 현대사회는 갈등의 시대입니다. 다양하고 복잡하니 갈등이 잦을 수밖에 없지요. 당연한 일입니다. 좋다 나쁘다 생각할 것 없이 시대가 그런 시대인 것이죠. 그런데 갈등도 여러 종류가 있다는 사실 아시나요? 근본적인 생각과 입장의 차이로 나타나는 갈등은 좋은 갈등입니다. 이런 갈등이 있어야 창조적인 토론도 하고 생산적인 논쟁도 벌어집니다. 예전에는 아예 이런 갈등이 벌어지지 않도록 국가가 나서 생각을 통제하려 들기도 했죠.

이와 달리 조금만 서로 배려하거나 상대를 이해하면 되는데 성급하게 나서고 일을 벌여 일어나는 갈등도 있습니다. 소모적인 갈등이고 나쁜 갈등이죠. 갈등으로 인한 사회적 비용이 246조 원에 이른다는 연구 결과도 있답니다. 그러나 갈등으로 초래되는 불신과 정신적 상처, 공동체 파괴는 그보다 더 무섭습니다. 무엇보다 이런 갈등 안에 있으면 사람이 지칩니다. 상처를 입어요. 각자의 입장만 소리치다가 둘 다 상처입고 일도 흐지부지되게 만드는 것이 나쁜 갈등 효과입니다. 서울도 큰 도시이다보니 갈등이 많죠. 온갖 사람과 생각이 다 있습니다. 이 안에서 좋은 갈등만 있으면 참 좋겠는데, 따져보니 나쁜 갈등도 적지 않습니다. 아니, 적지 않은 정도가 아니라 어마어마하게 많은 나쁜 갈등들이 시민들의 삶을 병들게 하고 행복하지 못하게 하고 있었습니다. 다들 심장에 화살 하나씩 꽂고 사는 것 같았어요. 서울시의 자살률이 높은 것도 이와 무관하지 않다고 생각합니다.

층간소음 겪어보신 분들, 고통스러우시죠? 소소한 생활의 갈등이 일상을 좀먹고 있습니다. 젊은이들은 나이 드신 분들이 불만스럽고, 어르신들은 청년들을 못마땅해하십니다. 이념 논쟁은 여전히 큰 사회적 갈등 요소입니다. 남성과 여성은 서로 차별받고 있다고 목소리를 높입니다. 실업 문제가 심각해지면서 일자리를 놓고 정규직과 비정규직 사이에 대립도 커져갑니다. 네, 일상에서부터 더 큰 사회에 이르기까지 우리는 무수한 갈등 안에 놓여 있습니다. 해결하려고 노력하지 않으면 엄청난 일이 벌어지고 말 거예요.

상대의 말을 잘 들어주기만 해도 갈등의 도화선을 상당 부분 제거할 수 있습니다. 상대를 불신하고 먼저 판단하거나 무시하면 갈등이 벌어집니다. 이제까지 겪어왔던 갈등들을 잘 생각해보세요. 내가 원인이든 상대가 원인이든 결국 통하지 않아서 전쟁이 시작되는 겁니다. 서울시는 아예 조례를 제정해 모든 사업 추진 전에 갈등 요소가 없는지 확인하도록 하고 있어요. 그만큼 갈등에 대한 고려가 큰일이라는 것이죠.

이제까지는 힘 있는 서울시가 시민의 말을 제대로 듣지 않아 갈등이 생겼는데요, 저는 앞으로 서울시가 시민과의 갈등, 즉 공공 갈등을 줄이는 것을 넘어 사회에서 벌어지는 온갖 생활 갈등, 사회 갈등의 적극적인 중재자가 되길 원합니다. 그래서 저는 취임과

동시에 시장 직속으로 아예 갈등 해결을 전담하는 갈등조정관 제도를 만들었습니다. 갈등이 있는 곳이면 어디든 출동해서 홍반장 역할을 하는 분들을 따로 두는 거죠. 지금 갈등조정관 하시는 분들 중에는 미국에서 이 분야를 전문적으로 공부한 전문가들도 계시고요, 학문적·경험적으로 갈등을 어떻게 풀어야하는지 잘 아는 훌륭한 분들이 일하고 있습니다.

서울시가 갈등 관리에서 활약한 일 몇 가지를 소개해드릴게요. 서울에 사는 우리 이웃의 이야기입니다. 어느 날 어떤 분이 운영하는 가게가 강제철거 통지를 받게 되었습니다. 그분은 동일한 조건의 장소에서 장사를 할 수 있게만 해달라고 요구했습니다. 그러나 그 뜻은 받아들여지지 않고 결국 가게가 강제철거를 당했습니다. 그때부터 그분은 천막을 치고 1인 시위를 시작했습니다. 이선형 씨 이야기인데요.

이선형 씨는 무려 717일 동안 1인 시위를 했어요. 제가 취임한 이후에도 서울시청 앞에서 그분을 늘 만날 수 있었습니다. 그분을 위해 무엇을 할 수 있을까 고민하다가 갈등조정관을 파견해 여러 모로 중재를 꾀했죠. 효과는 즉시 나타났습니다. 그분은 "내 이야기를 이렇게 들어준 사람이 없었다"며 갈등조정관을 만난 후 이전보다 성의 있는 보상을 약속받고 4개월 만에 농성을 멈췄습니다. 그리고 서교동의 한 곱창집 주인이 됐습니다. 물론 그 창업에는 서울시가 한몫했지요. 개업하는 날 저도 그곳을 찾아 기분 좋게 소주 한잔 했습니다. 곱창 맛이 일품이더군요.

듣기만 해도 해결될 수 있는 일, 그동안은 왜 그렇게 안 풀렸을까요? 717일이란 얼마나 긴 시간입니까? 한 명의 평범한 가게 사장님이 좌절을 딛고 다시 도전하기까지 2년 가까운 시간이 걸렸던 건 대화의 창구가 없었기 때문입니다. 아니, 창구가 없진 않았지요. 그러나 이선형 씨가 겪은 막막한 갈등의 실마리를 풀어줄 의지가 있었던 곳은 없었습니다.

제물포터널 공사도 그랬습니다. 2018년 개통을 목표로 제물포지역에 터널을 만드는 사업이 교통체증과 대기오염을 우려한 주민 반대로 무산될 위기에 처한 적이 있었습니다. 서울시와 주민이 충돌하는, 어찌 보면 흔한 갈등이죠. 하지만 풀기가 쉽지는 않았습니다. 지금도 진행 중이긴 하지만 실마리는 보입니다. 제갈공명처럼 신묘한 수가 났냐고요? 이쯤 되면 짐작하시겠지만 제가 믿는 구석은 귀입니다. 주민협의회를 구성해 시와 주민이 만났고, 갈등 해결 분야라면 국내에서 누구보다 경험이 풍부한 분을 갈등조정관으로 모셔 서울시와 주민의 입장을 공정하게 조율했습니다.

주민의 요구와 걱정을 다 듣고 나니 대화할 구석이 하나씩 나타나기 시작했어요. 2014년에 주민협의회를 몇 차례 더 진행하고 주민들에게 도장을 받고 난 이후 공사를 시작하기로 했지만, 이제는 자신이 생겼습니다. 서로 말하고 듣는 과정을 통해 신뢰가 자리 잡은 덕분이죠. 이 과정을 생략하고 예전에 그랬듯이 허가가 났으니 냅다 공사를 시작했다면 어땠을까요? 삽은 조금 빨리 떴을지 몰라도 주민 반대와 무수한 논란 속에 서로가 상처입고 피로해하다가 만들지 않느니만 못한 터널이 생겼을지도 모릅니다.

서울시에는 이런 역할을 전반적으로 담당하는 갈등관리심의위원회가 있습니다. 갈등이 벌어지고 난 다음에야 갈등 해결에 나서지 말고 아예 정책을 수립할 때부터 예상되는 갈등을 예방하자는 거죠. 이제까지 겪어온 일들이 있기 때문에 충분히 예측 가능한 갈등들이 있습니다. 님비현상에 부딪히는 이른바 혐오시설 건설, 뉴타운 개발, 각종 환경 사업에서 어떤 갈등들이 벌어질지 시민들도 다 알아요.

이쯤 되면 갈등조정관, 갈등관리심의위원회가 하는 일을 대략

짐작하시겠죠? 경청하는 일이 대부분입니다. 예방도 경청, 해결도 경청입니다. 갈등의 당사자들을 만나 이야기를 듣기부터 시작입니다. 이야기를 들으려면 어떻게 해야 하나요? 대부분의 경우 현장에 직접 가야 합니다. 저는 갈등 조정에 나서는 분들의 현장 경험도 중시하는 편이에요. 노사문제 해결이라면 노동계 쪽에서 일을 하신 분들이 그분들의 입장을 잘 아시겠죠.

현장에서 당사자를 만나 이야기를 통해 갈등의 근원을 찾아가면 답이 있습니다. 어떤 사람이 빵을 달라고 합니다. 그런데 빵은 조금밖에 없어서 줄 수가 없어요. "빵은 절대 안 된다"고만 하면 해결이 안 됩니다. 대화를 해야 해요. 왜 빵을 달라고 하는지, 배가 고파서인지, 밥이 질려서인지, 부모 형제에게 가져다주려고 그런 건지, 그 원인을 알아야 한다는 것이죠. 그러면 꼭 빵이 아니더라도 원인을 해결해줄 다른 무언가를 제시할 수 있습니다.

사실 당연하고도 쉬운 이야기이죠. 이제까지 하지 못해서 문제였을 뿐입니다. 서울시는 유족과 협상을 할 때 복지 관련 부서도 참여하게 합니다. 예전에는 건설 사고의 경우 건설 담당 부서가 가서 협상을 했죠. 그러면 누가 얼마나 잘못했는지 따지는 피곤한 일 이상도 이하도 안 됩니다. 가족이 피해를 입었다면 그 가족이 필요로 하는 보상이 무엇인지를 알고 그것에 맞게 대처해야 해요. 단순히 보상액이 많고 적음으로 해결할 수 있는 게 아닙니다. 오히려 중요한 건 신뢰이고 진정성이죠.

얼마 전에 지하철 노조와의 갈등만 해도 어떤가요? 갈등이 길어지면 갈등 당사자는 물론 대중교통을 이용하는 시민들까지 불편을 겪을 수밖에 없는 상황이었어요. 서울시는 지하철 노조를 설득해 그분들의 주장을 다 들어주진 못하지만 근본적으로 무엇을 원하는지 이해하고 그 지점에서 새로운 제안을 해서 타협했습니다. 사실 이 바탕에 노동특보, 노동정책과 설치, 해고자 복직, 대화와 소통의 채널 마련 등 신뢰가 자리 잡고 있었음을 아는 사람은 많지 않았을 것입니다. 120 다산콜센터 노조 파업, 택시 요금 인상, 노량진 상수도 공사장 침수 사건, 방화대교 연결도로 공사 현장 사고, 서울대공원 동물원 호랑이 사육사 사망 사건 등도 비교적 빠른 시간에 원만하게 해결했다고 자평합니다. 상대의 입장을 이해하려는 태도 덕분이었다고 생각해요. 노조를 자신들의 이익을 위해 월급 한두 푼 올려받으려고 하는 집단, 유족을 어떻게든 바짓가랑이 붙들고 늘어져 보상금 한 푼 더 받아내려는 사람들로 치부해버리면 갈등의 골은 깊어집니다.

갈등은 참여로부터 해결할 수도 있어요. '희망들'이라는 장애인 휴양시설을 만들면서 매입 부지 주변 주민들과 갈등이 일어났죠. 행정에서는 꼭 필요하니 건설해야겠고, 해당 지역 주민들은 어디도 원하지 않으니 상황이 평행선일 수밖에 없지요. 그 중간 지점을 찾아내야 합니다. 지역 주민이 직접 참여하는 조정협의체를 구성한 거죠. 그 결과 행정과 주민이 함께 고민해서 시설이 요구하는 조건을 충족하면서 주민도 납득할 만한 대체 부지를 스스로 찾아냈습니다. 이 과정을 거치며 시간이 많이 지체되긴 했지만, 모두가 만족하는 범위 안에서 시설을 지을 수 있게 되었죠. 꼭 이런 규모 있는 사업이 아니더라도 충간소음 같은 일상에서 벌어지는 갈등도 시민의 힘으로 직접 해결할 수 있게 유도하면 그 상황에 맞는 가장 적절한 해법을 찾을 수 있습니다.

아주 사소한 배려에서부터 대화가 시작할 수도 있습니다. 제가 시장에 취임하고 1인 시위 하시는 분들을 위한 파라솔을 만들었잖아요? 어떤 분들은 파라솔을 만들 열정과 정성으로 1인 시위 하시는 분들의 문제를 직접 해결해드리면 될 것 아니냐고 하시더라고요. 일이 그렇게 생각처럼 진행되면 참 좋겠습니다만, 해결이 아니라 시위 자체에 의미를 두고 어쨌든 계속 나오는 분들도 있고, 대화가 진행되더라도 일단 시위는 계속하시는 분도 있고…… 그래서 시위를 그만두기 어렵다면 건강은 지키면서 하시라는 거죠.

하루는 우면산 사태 피해자 유족 중 한 분이 협상 중에도 계속 1인 시위를 하시길래 제가 파라솔 아래서 하면 어떻겠느냐고 제안을 드렸죠. 그랬더니 돌아가신 남편을 생각해서라도 자신은 이렇게 고생을 해야 한다고 하시더라고요. 그 말씀을 드린 지 며칠 후 그분이 쓰러지셔서 병원에 입원했다는 소식을 들었습니다. 큰 문제는 아니고 피로가 누적되었던 모양이었어요. 제가 문병을 가서 그분한테 "제가 말씀드리지 않았습니까. 파라솔 아래에서 하시라고요" 했더니 쑥스러운 듯 웃으시더라고요.

이 과정에서 저는 직접적인 문제 해결에는 딱히 관여한 바가 없었습니다. 그런데 이 일이 있고 나서 유족들이 서울시에 발표한 성명은 예전보다 비난의 수위가 한층 누그러져 있었습니다. 소통의 힘이 이런 것이지요.

제 철거 **717**일째입니다.
박 원 순 서울시장님
철거민이 삶의 터전으로
돌아 갈수 있도록
도와주셔서 감사합니다

©연합뉴스

717일 만에 접은 1인 시위

717일이라는 시간을 가만히 되짚어봅니다. 얼마나 긴 시간이었을까 생각합니다. 1인 시위 717일의 마지막, 제게 해주신 감사하다는 말씀에 죄송스러움은 더욱 커졌습니다. 새로 문을 열게 된 이선형 씨의 곱창집, 번성하시기를 기원합니다! 참 저 파라솔은요, 1인 시위하시는 분들이 더위에 고생하실까 놓아드린 겁니다. 의자도 있고 물도 비치해두었습니다.

열애 고백! 뜨겁게 소통하기
구로 G밸리

여러분이 속한 곳에서는 하나의 의사결정을 할 때 얼마나 많은 과정을 거치시나요? 우리 사회를 보면 과정이 없지는 않습니다. 어지간한 조직은 추진 절차라는 명목하에 의사결정에 필요한 과정을 아예 명문화해놓은 곳도 상당수지요. 충분히 대화하고 의견을 조율하라는 좋은 취지에서 만들어진 구조입니다.

그런데 상당수의 직장인들이 우리 회사는 회의가 너무 많아서 힘들다는 말을 합니다. 회의에 지쳤다면 그 조직 안에서 소통에 관한 희망을 잃었다고 볼 수도 있어요. 직책상 회의에 참여는 해야 하는데, 회의에 가서 이런저런 말을 해도 별로 소용이 없으니 조

용히 입 다물고 있으면 중간은 간다고 생각하는 거죠. 동원되듯이
회의 자리에 앉아 있으면 그 시간 자체가 고문일 수밖에 없어요.

저는 서울시에서 하는 회의는 그러지 않길 바랐어요. 관에서 하
는 회의라면 솔직히 어떤 생각이 드시나요? 지루한 표정으로 서류
를 들여다보는 공무원들과 인사말만 하고 떠나는 시장, 동원된 방
청객처럼 열심히 박수만 치는 시민…… 직접 참석해보지 않아도
대충 느낌이 오지요? 그 인상을 바꾸는 것 자체가 저에게는 도전
이고 숙제였습니다. 제가 이번에 소개해드릴 이야기는 어떤 회사보
다도 회의가 길고 많았지만 매번 활기찬 토론이 이뤄졌던 하나의
사례가 아닐까 싶습니다.

서울시 구로구에는 중소기업이 꽤 많습니다. IT, 패션에 관계된
1만 개 기업이 들어서 있는 이곳을 G밸리라고 불러요. G밸리가 생
긴 배경에는 중앙정부의 야심찬 계획이 있었습니다. '구로공단' 하
면 우리나라 70·80년대 산업화와 노동운동의 역사를 간직한 의
미 있는 곳 아니겠습니까? 이곳을 경제 혁신의 새로운 장소로 재
도약시키겠다는 계획 자체는 좋았죠. 그런데 만들어만 놓고 이후
로 신경을 쓰지 않았어요. 서울시는 서울시대로 중앙정부가 손댄
일이니 적극적으로 나서지 않고 지켜보기만 해, G밸리는 그동안

행정의 사각지대로 남아 있었습니다.

처음에 G밸리의 존재를 알고 경청하기 위한 계획을 세웠습니다. 2012년 4월에 'G밸리 희망정책 콘서트'를 열어 그곳에서 일하는 분들의 말씀을 들었고요. 이후 기업인과 공무원이 하나가 되어 G밸리의 미래를 고민하는 'G밸리 발전협의회'라는 기구를 만들었습니다. 이곳에서 이뤄지는 공식 회의만 6월부터 11월까지 네 차례 있었습니다. 공식 회의 외에 실무자 회의도 한 달에 한 번은 꼭 했으니 첫 만남 이후 G밸리와 서울시가 뭔가 해보겠다고 가진 회의가 10번 가까이 됩니다. 저 역시도 기회 되는 대로 이 과정에 직접 참여하거나 보고를 받으며 같이 고민하며 발언했고, G밸리에 계신 분들을 시청으로 초대해 면담도 따로 가졌죠.

이렇게 말씀드리면 회의 좀 많이 한 게 무슨 대수일까 생각하실지도 모르겠어요. 우선 이 회의는 서울시가 뭔가 결정해서 실행을 하려고 가진 만남이 아니라 뭘 하면 좋을지 의논하는 자리였다는 점을 알아주셨으면 해요. G밸리를 위한 최적의 방법이 무엇일까 찾는 데만 이렇게 긴 과정을 거쳤다는 것이죠.

예전 같으면 어땠을까요? 단순하게 생각하면 중소기업이고 형편이 어렵다고 하니 담당 공무원을 시켜 힘든 기업 몇 군데 선정해 격려하고, 시장이 기업인들을 초빙해 밥 한번 먹는 정도로 생색낼 수도 있는 일이었어요. 대책이 필요하면 서울시 내부에서 자기들끼리 쑥덕거린 후 정말 G밸리에 필요한지 아닌지도 불분명한 'G밸리 지원대책'을 어느 날 불쑥 발표해버릴 수도 있었고요. 그런데 그러지 않았다는 겁니다. 경청이지요.

이 자체만으로도 G밸리에 계신 분들이 회의에서 열심히 발언할 수 있는 충분한 동기부여가 되었습니다. 철저히 듣고자 하는 서울시의 의지를 보고 서울시가 보여주기식 행정, 눈 가리고 아웅 하려는 게 아니라는 사실을 알아본 거죠. 내 말을 정말 들어주고 실현시켜준다니 신이 날 수밖에 없습니다. 10번이 넘는 회의는 매번 뜨거웠습니다.

이게 끝이 아닙니다. 제가 앞에서 '현장시장실'에 대해 설명드렸죠? 2013년 5월에는 아예 G밸리로 출동했어요. 작년에 말 나왔던 사업들이 잘되고 있는지 확인하고, 더 하고 싶은 얘기는 없는지 들으러 갔습니다. 9월에는 현장시장실에 나온 것들에 관해 또 확인해보자고 G밸리에서 다시 보고회를 가졌습니다.

사람과 사람이 관계를 맺을 때도 열서너 번 만나며 이쪽 집에서 한 번 놀고 저쪽 집에서 한 번 놀았으면 연애도 할 수 있지 않겠어요? 이 정도 만났더니 G밸리와 서울시 사이에 사랑하는 감정이 싹트기에 이른 거지요. 그리고 서로의 본심을 알게 된 겁니다. G밸리는 서울시가 믿고 의지할 만한 파트너라는 사실을, 서울시는 G밸리가 어떤 가능성이 있으며 힘들어하는 부분이 무엇이고 그에 대해 어떻게 해줄 수 있는지에 대해서요.

어떤 사람은 제가 서울시에 오고 나서 사실상 G밸리가 확 바뀌고 있기 때문에 아예 새로운 이름을 붙이면 어떻겠느냐고 하더라고요. 저는 별로 그러고 싶지 않았어요. G밸리가 잘되는 자체가 중요하지 누가 어떻게 이곳을 탈바꿈시켰는지는 중요하지 않다고 봤거든요. G밸리라는 이름이 특별히 이상하다면 몰라도 무난하고 좋지 않나요? 중요한 건 겉포장이 아니라 실속이죠.

시장이 되기 전에는 사실 G밸리가 무엇인지도 잘 몰랐습니다. 나중에 1만 개의 기업이 몰려 있다는 이야기를 듣고는 무릎을 딱 쳤죠. 여기를 잘 살리면 미국의 실리콘밸리보다 더 나은 산업단지를 만들 수 있겠다는 생각이 든 겁니다. 독일이 라인강 기적을 이뤄낸 주변 지역을 '인더스트리얼 파크'로 공원화했듯이 세계적인 관광지로 얼마든지 개발할 수 있겠다는 야심도 생겼고요.

그런데 그렇게 되려면 기업을 운영하기에 힘든 점부터 하나씩 줄여나가야겠지요. 제가 G밸리의 기업인들을 만나며 가장 많이 들은 이야기가 인간적 고충이었어요. 이 지역이 차가 너무 막히고 쉴 곳이 없고 손님이 와도 대접할 곳이 없다는 겁니다.

저는 그 이야기를 들으며 많이 깨달았습니다. 중소기업도 사람이 경영합니다. 사람이 행복할 수 있는 환경을 조성해야겠죠. 중소기업을 살리는 인프라라고 하면 경제적인 것만 생각하기 쉬운데요, 우리나라 현실상 중소기업에 근무하는 분들일수록 열악한 환경에서 힘들게 일하고 있을 확률이 높아요. 수차례의 청책을 거치며 그 어려움을 해소하는 것부터 시작해야 한다고 다짐했습니다.

일단 이 동네는 사장님들이 말씀해주신대로 차가 엄청 막혀요. 출퇴근할 때 엄청나게 고생하는 동네입니다. 사람은 늘었는데 길은 똑같고 대중교통도 시원치 않아요. 또 회사는 많은데 여기 근무하는 사람들이 쉴 만한 공간이 없습니다. 회사가 이쪽이라 근처로 이사해도 애 맡길 곳이 없고요. 멀리서 손님이 와도 마땅히 모실 곳이 없습니다. 한마디로 고생해서 출근한 후 뼈 빠지게 일만

하다가 돌아가는 삭막한 동네가 G밸리입니다. 이곳에서 근무하는 분들이 창조적이고 혁신적인 생각을 하실 여유가 있겠어요? 아침부터 지쳐서 자리에 앉아 있는 것만 해도 장한 일이죠.

창조적인 사고를 자유롭게 펼쳐야 하는 작은 기업의 직원들이 이렇게 팍팍하게 지낸다면 안 될 일이죠. 창의력을 발휘하는 건 사람입니다. 창조적인 생각을 하려면 여유가 있어야 해요. G밸리만이 아니라 우리 사회 전반에 이런 여유가 없는 것이 큰 문제입니다. 최장 시간 노동에 시달리면서도 생산성이 낮은 이유가 바로 그겁니다. G밸리가 창조적인 경제지구로 성장하려면 G밸리에서 일하는 사람들의 삶의 질을 챙겨야 한다는 생각이 들었습니다.

G밸리의 교통체증 원인은 이곳에 들어오는 통로가 '수출의 다리' 한 군데밖에 없다는 점이었습니다. 간선도로 진입로를 개설하고 지하차도를 추가로 만들어 교통난을 해소하기로 했고, 자전거 대여소와 자전거도로를 만들어 집이 멀지 않은 사람들은 자전거를 이용하도록 유도했어요. 그리고 국공립 보육시설, 공원, 호텔을 차근차근 만들어가기로 했지요.

네트워크의 필요성을 이야기하는 사장님도 있었습니다. 새롭고 신선한 생각을 하는 사람들이 모여 있긴 한데 만나서 이야기할 수 있는 장이 없다는 거죠. 저는 이 말에 깊이 공감했습니다. 판이 깔려 있지도 않은데 굳이 누가 나서서 모이자고 하면 일도 바쁜 마당에 누가 나오겠어요?

그런 맥락에서 얼마 전에는 'G밸리 기업시민청'이 개관했답니다. 대규모 세미나실과 소규모 미팅룸, 비즈니스 라운지 등이 있는 곳인데요, G밸리 기업인과 종사자들의 비즈니스, 교육, 문화를 아우르는 복합 문화공간이죠. 여기서 기업인들이 자주 만나서 사업 얘기도 하고 재미있는 것도 같이하면서 또 새로운 기업과 사업을 만들어낼 수 있겠죠.

이외에도 서울시와 G밸리가 함께 만드는 일은 자잘한 것까지 합치면 엄청나게 많습니다. 예를 들어 '구로공단 역사기념사업' 같은 것이 있죠. 앞서 말씀드렸다시피 G밸리는 역사적 가치도 높기 때문에 이를 활용한 브랜드화를 설계할 수 있는 곳입니다. '구로공단 역사기념사업'을 G밸리 프로젝트에 포함시킨 것도 과거와 미래를 연결하는 의미 있는 공간으로 G밸리를 재해석하기 위한 시도라고 할 수 있습니다.

제가 기대하는 것 중 하나가 '일자리 1만 프로젝트'입니다. 서울시가 이런저런 정책적 지원을 해주는 만큼 기업에 일자리를 많이 만들어달라는 거죠. 이곳의 1만 개 기업이 한 개씩만 일자리를 늘려도 1만 명이 직장을 얻을 수 있으니까요. 서울시 역시 기업의 특성을 잘 이해해서 현장 맞춤형 인재 양성을 적극 지원하기로 했답니다.

제가 이 모든 이야기를 적고 있지만, 이 모든 아이디어와 실행은 'G밸리 발전협의회'를 주축으로 한 G밸리 식구들과 서울시 공무원들이 이뤄낸 성과입니다. 그 과정 안에서 저는 제 나름의 역할을 수행했을 뿐이지요. G밸리와 서울시의 밀월 관계(?)는 진행 중이고요. 저는 제 힘이 닿는 데까지 애정표현을 멈추지 않을 예정입니다. 그리고 G밸리가 조금씩 발전해가는 모습은 소통을 통해 하나의 일이 만들어지는 과정을 잘 보여준 사례라고 당당히 자랑하고 싶네요.

어떤 관점에서는 지나칠 정도로 잦은 만남의 과정을 보면서 '이렇게까지 해야 하나?'라고 생각하실 수도 있겠지요. 소통하는 기회가 많아서 나쁜 것보다 적어서 나쁜 것이 훨씬 더 나쁩니다. 여러분은 소통의 장을 뜨겁게 달구기 위해 어떤 방법을 택하시겠어요? 많이 만나는 것도 중요하지만 예전과는 다른, 진심을 담은 소통의 태도가 그 출발이 됩니다. 서로가 진심으로 사랑한다면 그 사랑은 몇 번을 확인해도 부족하지 않습니다. 열렬히 사랑하듯 소통하십시오.

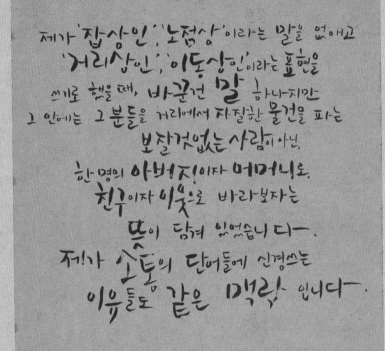

제가 '잡상인', '노점상'이라는 말을 없애고
'거리상인', '이동상인'이라는 표현을
쓰기로 했을 때, 바꾼건 말 하나지만
그 안에는 그 분들을 거리에서 자질한 물건을 파는
보잘것없는 사람이 아닌,
한 명의 아버지이자 어머니요,
친구이자 이웃으로 바라보자는
뜻이 담겨 있었습니다—.
제가 소통의 단어들에 신경쓰는
이유들도 같은 맥락 입니다—.

길은 원대 없없습니다
사람이 대니가보니 발자죽이 쌓여
길이 만들어진 것이죠.

딛고 서 있는 땅만큼 타협합시다
마곡지구 개발사업

'타협하는 인간', 어떻게 생각하세요? 상황마다 다를 수밖에 없으니 보통 원칙을 지키되 적당히 타협할 줄 아는 게 좋다고 합니다. 세상에 무조건이라는 건 없습니다. 항상 타협할 수도, 항상 타협을 안 할 수도 없죠. 다만 선택의 순간에 결정을 내릴 수 있는 원칙은 가지고 있어야 하겠죠. 문제는 이 '적당히'가 어느 정도냐는 것입니다. 아전인수 격으로 내 편의에 맞춰 고무줄처럼 늘였다 줄였다 하는 타협이라면 그 타협은 비겁함이나 사리사욕을 추구하는 태도나 다름없습니다.

'적당히'는 자기 위치에 대한 치열한 고민에서 감을 잡을 수 있는 것 같아요. 시민단체에 일할 때의 저는 그다지 타협하는 사람이 아니었습니다. 싸우고 싶으면 싸우고 만나기 싫으면 만나지 않아도 괜찮았어요. 그런 자세가 정부를 비판하고 시민의 목소리를 키우는 시민단체의 정체성을 유지하는 데 도움을 주기도 했습니다.

서울시장이 되고 나서는 달라졌지요. 크고 어려운 일일수록 설득해야 하는 사람이 많습니다. 서울시가 잘되기 위해서는 이 사람도 만나고 저 사람도 만나야 하죠. 역시 최대한 모든 이야기를 들어야 합니다. 정서적으로, 체질적으로, 이론적으로 맞지 않는다고 해서 제가 사람을 골라 만난다고 가정해보니, 할 수 있는 일이 별로 없었습니다. 바꾸고 손대야 할 것이 한두 가지가 아닌데 말이죠.

제가 말하는 타협이란 그저 온화한 낯빛으로 다가가 남들 앞에서는 웃으며 악수를 하고 돌아와 내 갈 길을 가는 보여주기식 타협이 아닙니다. 상대가 요구하는 바를 실제로 수용하고 나와 당신이 다른 하늘을 바라보고 있지 않다는 점을 적극적으로 드러내는 것을 의미합니다.

시민단체 출신이 시장이 된다고 했을 때 시장이 어떤 직함인지 알고 있는 여러분들이 걱정을 하셨죠. 이 사람이 '적당히'가 어디까지인지 알까? 가치에 매몰되어 현실 감각을 잃지 않을까? 그 선을 찾는 데 많은 시간이 걸리지는 않았습니다. 서울시장이 무슨 일을 해야 하는지 생각하고, 현실적인 문제를 풀어내려면 구체적으로 어떻게 해야 하는지 따져보니 감이 왔습니다.

제 입으로 말하기는 조금 쑥스럽지만, 지금은 나름대로 적대하는 사람 없이 두루두루 잘 지내고 있다고 자평합니다. 앞으로 그런 관계들을 최대한 넓혀나가려는 계획이고요. 싫은 소리를 듣지 않고 폭넓은 인기를 누리려고 그러는 건 아닙니다. 하루아침에 제 마음이 부처가 된 것도 아니고요. 그저 제가 해야 할 일을 잘하기 위해서 선택한 방향일 뿐이죠. 타협의 지점을 찾는 건 현실 인식에 답이 있습니다.

좋은 타협이 빚어낸 결과 중 하나로 저는 마곡지구를 꼽습니다. 서울 강서구 마곡지구 하면 서울에 남은 마지막 미개발지라고 하죠? 솔직한 마음은 서울에 그런 여백이 하나 정도는 있었으면 했지만, 제가 취임했을 때는 이미 마곡지구 발전계획이 다 세워져 상당 부분 진행 중이었습니다.

이 계획은 어떻게 보면 무난하고 평범한 방식이었는지 모르겠습니다. 서울의 지역 개발이라는 게 이제까지 그랬으니까요. 땅을 평평하게 다 밀어내고 건물 빽빽하게 짓고 도로를 뚫어놓으면 사람들이 알아서 달려와 열심히 살지 않았습니까? 하지만 저는 과거의 방식대로 해서는 서울시민들이 행복하게 살기 어렵다고 봤어요. 더 재미있고 깨끗하고 안전하면서 덜 복잡한 공간으로 높은 삶의 질을 보장해야 한다는 생각이었죠. 나아가서는 마곡의 잠재력을 잘 활용해 서울의 경제력을 몇 단계 끌어올릴 수 있겠다는 희망도 생겼고요.

제 생각에 대한 확신은 있었지만 인정해야 하는 현실이 있었습니다. 말씀드린 대로 이미 공사가 진행돼서 건물이 올라간 곳도 여러 군데였어요. 기존 방식대로 개발이 지속되길 바라는 시민이나 시의원들도 분명히 존재했습니다. 그분들을 완전히 무시하거나 형태가 갖춰진 기존의 계획을 완전히 무시하고 짓던 건물도 때려 부수는 일은 할 수가 없었죠. 모든 분들과 대화하면서 현실을 존중하되, 서울이 진정으로 발전할 수 있는 방향으로 계획을 조금씩 바꿔가는 것이 제가 선택한 방법이었습니다.

저는 이 문제를 해결하기 위해 서울시에 마곡지구만 관리하는 담당관을 따로 둘 정도로 신경을 썼습니다. 당연히 시민과 함께 하는 마곡추진단도 만들었죠. 공원 하나 만드는 데도 논의만 31번 했고, 60여 명의 전문가를 투입해 예상할 수 있는 모든 문제를 검토했습니다. 또 마곡 개발에 참여할 수 있는 기업인들의 의견 또한 경청했습니다. 제가 국장급인 마곡사업추진단장에게 이런 특명도 내렸죠. 상대 기업들이 불만이나 고충을 이야기할 수 있는 전화를 24시간 직접 받으라고 말입니다. 기업과의 간담회에서 제가 이런 지시를 하는 것을 보고 기업들이 안도하고 투자를 결심했다는 이야기를 들었습니다.

그 과정을 거쳐 결론을 내렸습니다. 우선 마곡을 크게 주거, 산업, 업무, 의료단지로 나누고 각 기능별 맞춤 계획을 세우기로 했죠. 특히 주거지구는 친환경 아파트를 지어 미래형 주거단지로 꾸미기로 했고요. 똑같은 모양의 건물들이 빽빽이 들어서는 게 아니라, 보행자 거리를 확보하고 층수도 다양하게 해서 보는 재미를 더했습니다. 산업지구는 연구개발R&D단지로 조성한다는 큰 계획을 갖기로 했습니다. 연구시설 면적 기준 완화, 중소기업에 대한 금융 지원, 입주 기업 직원을 위한 주거 지원 등 여러 가지 혜택들을 마련했죠. 기업 입장에서는 이런 좋은 조건으로 서울 내 연구소를 마련할 사실상 마지막 기회이니 마다할 이유가 없고요. 이 정도로 진행하면 기존에 조성된 단지와 어우러지면서 마곡만의 색깔이 잘 묻어나는 효과적인 도시개발이 될 수 있겠다 싶었습니다.

이때 대기업 특혜에 대한 논란도 있었죠. 웅덩이 안에는 큰 고기도, 작은 고기도 다 들어 있어야 생태계가 잘 돌아간다는 게 기본적인 제 입장입니다. R&D 융복합은 대기업과 중소기업, IT, BT 등 다양성을 전제합니다. 한 기업에 너무 많은 권한을 주면 융복합단지가 되기 힘들죠. 마곡의 산업단지를 이끌 선도기업 중에 대기업의 비중을 줄인 것도 그런 이유에서였습니다.

마곡지구 개발에서 가장 재미있는 부분은 공원 조성 계획입니다. 호주 시드니와 싱가포르의 랜드마크라고 하는 '보타닉 가든'과 같은 도심 속 자연공원을 만들어보기로 했거든요. 보타닉 가든은 인공 시설을 가능한 한 줄이고 자연요소를 극대화한 공원입니다. 여의도공원 2배 크기로 만들 생각이고요. 마곡에 대한민국 대표 생태 공원이 잘 만들어지면 해외 관광객까지 이곳을 보려고 찾아올 겁니다.

저는 이 공원에 유독 관심이 많습니다. 그건 마곡이라는 지역을 잘 살펴보면 자연스럽게 할 수 있는 생각이었어요. 마곡은 한강에

접해 있고 서울의 다른 지역과 달리 논이 있고 습지나 저지대도 있어 야생이 느낌이 살아 있는 곳입니다. 한마디로 녹지율이 높은 지역이죠. 이런 독특한 매력을 제쳐두고 서울에 숱하게 널린 다른 곳처럼 시멘트와 아스팔트를 깔아 큰 빌딩을 정신없이 올리는 게 능사는 아닐 겁니다.

이렇게 밥상을 열심히 차렸으니 앞으로 마곡을 열심히 마케팅하는 일이 남았습니다. 마곡은 입에 침이 마르도록 자랑할 것이 많은 지역입니다. 73만 개의 사업체와 61개 대학교가 모여 있는 산업과 학문의 중심지입니다. 국제공항과 가까우니 세계를 상대로 움직이기도 적절한 곳이죠. 베이징, 도쿄, 상하이를 2~3시간이면 갈 수 있으니까요. 그렇다고 도시 중심부와 멀지도 않습니다.

마곡지구를 홍보하면서 저에겐 영광스러운 일도 있었습니다. 분양 광고에 사용한 '부동산 3대 바보' 카피가 2013년 11월에 모 신문사 광고의 대상을 수상한 거죠. 이 상은 박원순 개인의 상이 아닙니다. 마곡지구 개발과 관련해서 시민들과 다양한 이야기를 나누던 중에 나온 아이디어를 다듬어서 제안을 한 거죠. 소통하지 않았다면 받을 수 없는 상이었습니다. 그리고 시민과의 소통 속에서 나온 아이디어로 받은 상이기에 제가 받았던 어떤 상보다 자랑스럽습니다.

광고 카피에서 마곡지구에 관심을 두지 않는 사람, 마곡을 모르는 사람, 청약하지 않는 사람을 '부동산 3대 바보'라고 표현했는데요, 이제는 소통에 관심을 두지 않고, 소통을 모르고, 알면서도 소통하려 하지 않는 '소통 3대 바보'가 되지 않아야겠다고 다시 한번 다짐을 하게 됩니다.

불경기 속에 마곡지구의 청약률이 85%가 넘는 건 우연이 아닙니다. 시민은 실제로 삶을 사는 사람들이기에 아파트가 하나 나와도 그곳이 좋은지 나쁜지 아주 잘 알고 있어요. 멋있는 구호가 붙고 그럴듯한 외양만 갖춘다고 시민의 마음을 사로잡을 수 없는 거죠. 이런 결과를 이끌어낸 출발선에 타협이 있었다는 사실을 마음 깊이 인지하고, 앞으로 있을 숱한 도전에도 시민을 위한다는 마음 하나로 거침없이 타협하려고 합니다.

별에서 온 그대는 꼼꼼합니다
동대문디자인플라자(DDP)

시청의 쓰임새를 따지면서 했던 생각이지만, 건물은 용도에 맞게 지어져야 한다는 건 상식입니다. 서울시가 짓고 있는 재활용센터의 완공이 늦어지는 것도 상식을 지키기 위해서랍니다. 재활용센터는 재활용센터다워야 합니다. 재활용하자고 짓는 건물인데, 물도 새 물을 끌어다 쓰고 나무를 깎고 돌을 갈아가며 새로운 자재를 쓰면 무슨 의미가 있겠어요? 탄생부터 완성, 이후 활용까지 모든 게 재활용과 연결될 때 진짜 재활용센터가 되겠지요.

서울시에서 공공 건축물 발주를 할 때 기존의 가격 입찰 대신 디자인 공모 방식으로 바꾼 것도 그래서랍니다. 좋은 가격이 그 건물의 올바른 건축과 활용을 보장해주지는 않아요. 가격 차이가 있더라도 건물의 의도를 정확히 이해하고 이를 디자인으로 표현할 수 있는 업체가 가장 적절하지 않겠습니까?

동대문디자인플라자DDP는 제가 취임하기 이전에 이미 어떤 식으로 건물을 짓고 운영하겠다는 계획이 나와 있는 상태였습니다. 국제적인 건축가가 참여한 것으로도 유명하고, 4천억 원이 넘는 돈이 들어가는 대규모 공사이기도 합니다. 구상 자체는 좋은 의도를 가지고 있었으나, 무엇보다 주변 환경과의 연계점이 부족했고 시민 의견도 잘 반영된 것 같지 않았어요. 제가 취임한 이후 뒤늦었지만 주변의 지역 조사를 하는 한편 청책토론회를 거치며 이 거대한 건물을 어떻게 하면 잘 쓸 수 있을지 재검토를 했습니다.

원래는 '디자인 전문 문화시설'로 쓰일 계획이었지만 '시민 참여 복합 문화공간'으로 운영 방향을 바꿨습니다. 디자인 전문 문화라는 건 일반 시민에게 어렵고 활용도가 높지 않다는 판단에서였어요. 게다가 주변 동대문 상가는 24시간 돌아가는데 문화공간이라는 이유로 저녁이면 문을 닫아버리는 식의 운영도 걱정이었습니다. 어떤 시설이든 주변 환경과 어우러져 함께 돌아가야 잘되지 않겠어요? 동대문 주변 지역인 종로의 귀금속과 충무로 인쇄, 창신

동 봉제와 황학동 만물시장까지 각종 자원을 잘 활용하여 융합이 일어날 잠재력이 있는 공간을 만들 필요가 있었습니다. 시민 참여 공간으로 전반적인 용도를 바꾼 건 그런 의미에서였지요.

그리고 연간 2백억이 소요되는 운영비가 큰 문제였는데, 은퇴한 시니어를 계약직으로 고용하여 운영을 맡긴다든지, 패션과 디자인 상점들을 입점시켜 임대료를 적극 활용하는 방안 등으로 서울시가 갖는 운영비 부담을 최소화하는 방법을 고민했습니다. 궁극적으로는 완벽히 재정 자립을 이뤄내는 것이 목표입니다.

그런데 DDP의 수익이나 외양 이상으로 골치가 아픈 문제가 하나 있었습니다. 거리가게, 예전 표현으로는 노점상 문제였습니다. 동대문에 가보신 분들은 알겠지만 지금도 동대문 거리 곳곳에는 거리가게가 빼곡히 자리 잡고 있죠. DDP가 지어지면 그 주변으로 물밀듯이 거리가게가 생겨날 겁니다.

번듯하게 DDP 건물을 지어놓으면 거리가게 문제는 별것 아니라고 생각할 수도 있습니다만 제 생각은 달랐어요. 대중과 소통하는 시설물은 그 용도만큼이나 이미지도 중요합니다. 명색은 국제적 가치를 지닌 건물이라고 내세우면서 주변 환경은 거리가게가 난립해

번잡하고 시끄러워 여느 시장 바닥과 다를 게 없으면 사람들이 굳이 이곳을 찾으려고 할까요? 건물 안은 런던 같은데 건물 바깥은 뉴델리라면 어색하고 이상하지 않을까요? 거리가게에 대한 대책 마련은 DDP 운영과 따로 떼놓고 생각할 수 없는 중요한 문제였습니다.

불법 거리가게는 단속해야 하겠죠. 그러나 단속이 결코 쉬운 게 아닙니다. 오죽하면 거리가게 단속은 사람이 할 수 있는 일이 아니라고 하겠습니까. 거리상인은 생존을 걸고 장사를 하는 것이니까요. 단속할 때 갖가지 충돌이 벌어지고 단속해도 금방 또 생겨서 단속이 이기지 못하는 대표적인 영역이 거리가게입니다. 거리가게는 전문가도 없습니다. DDP와 관련된 모든 영역에서 전문가의 지혜를 빌릴 수 있었지만 이 거리가게 문제만큼은 도움을 청할 만한 사람이 마땅히 없었어요. 제가 직접 나서 챙기지 않으면 안 될 상황이었습니다.

피할 수 없으면 즐기라는 말처럼, 없앨 수 없다면 차라리 거리가게를 제대로 만들자는 생각이 들더군요. 그렇게 마음먹고 나니 해법이 조금씩 보였습니다. 먼저 거리가게를 아예 인정하는 구역과 절대 불허하는 구역으로 나눴습니다. 전부 다 단속하지는 못해도 일부 구역 정도는 충분히 통제할 수 있으니까요.

거리가게 상업을 인정하는 구역은 섹션을 정했습니다. 의류, 잡화, 액세서리, 음식 등 주제별로 장사를 하도록 하고 명물거리로 조성하는 계획을 세웠어요. 그러기 위해 거리가게의 모습도 천편일률적인 포장마차 같은 모양에서 국제적인 감각을 도입한 여러 가지 이색적이고 재미있는 모양으로 특수제작을 지시했습니다.

외양만 우주 비행선을 닮았거나 국제적이면 안 되겠죠. 별에서 온 그대는 꼼꼼해야 합니다. 그래야 실질적인 효율을 담보할 수 있으니까요. 기존 가판에서 팔던 음식들은 유지하면서 다양한 음식 장사가 이루어지도록 유도하고 특히 외국 사람들이 신기해할 떡볶이, 산낙지, 번데기와 같은 음식들도 많이 있으면 좋겠다는 생각을 했습니다. 또 기존 거리가게가 가지고 있는 부정적 인식을 걷어내기 위해 위생과 친절 교육도 기획했습니다. 푸드스타일리스트나 패션업계 종사자들을 참여시켜 거리가게에서 파는 음식이나 의류의 질 또한 높일 수 있는 방안을 모색했고요. 이 모든 과정은 거리가게 상인들 및 그분들의 연합조직과 계속 소통하고 협의하며 진행하고 있습니다. 일방적으로 추진했다가는 잠시 이루어지는 듯하다가 말짱 도루묵이 되고 말겠죠.

이 모든 것들이 제대로 이뤄진다면 DDP는 그 자체만이 아니라 주변의 거리가게들과 한데 어우러지는 그야말로 국제적이고 이색적인 광경을 연출할 수 있을 것입니다. 이쯤 되면 거리가게는 단속의 대상이 아니라 DDP를 더 빛나게 해주는 조연의 역할을 해내는 셈입니다.

DDP 내부를 어떻게 채울 것인가는 이 글을 쓰고 있는 지금도 고민하고 있습니다. 시민의 의견이 차곡차곡 더 쌓였을 때 보다 분명한 윤곽을 드러내리라 생각하고요. 거리가게를 챙기는 마음으로 시민들의 뜻에 담긴 세세함을 잘 잡아내 동대문 상권의 부활과 서울의 명소 탄생, 두 마리 토끼를 모두 잡아보려 합니다.

저도 모르게 찍힌 사진을 시장으로 취임하고 선물받았습니다. 지금도 자그마한 액자에 담겨 시장실 한편에 놓여 있습니다. 제가 누구를 만나든 저렇게 서 있다며 건네주신 것이었는데요, 다시 자세히 보니 제가 인물이 더 훤하면 좋았을걸 싶네요, 하하하.

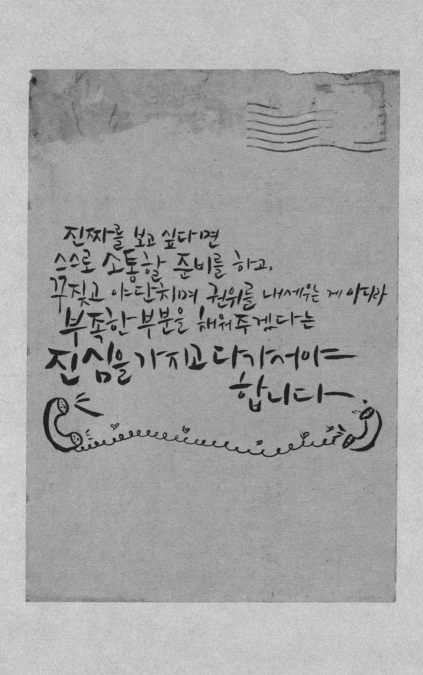

진짜를 보고 싶다면
스스로 소통할 준비를 하고,
꾸짖고 야단치며 권위를 내세우는 게 아니라
부족한 부분을 해워주겠다는
진심을 가지고 다가서야
합니다.

시민의 힘으로 달립니다!
지하철 9호선

주인의식을 갖는다는 건 몇 번을 강조해도 부족하지 않은 중요한 일입니다. 서울시도 시민들이 주인 행세를 해야 잘되고, 기업도 조직원 하나하나가 사장이 되어야 성공합니다.

서울시 강남구에 조성된 '신화숲'은 인기 그룹 신화의 팬들이 신화 데뷔 15주년 기부금을 모아 나무 1,130그루를 심어 만든 공간입니다. 나무 한 그루마다 신화 팬 개개인의 이름이 붙어 있습니다. 신화가 세계적인 그룹이다보니 나무 주인 가운데 외국팬들도 많더군요. 이분들이 불원천리 한국으로 날아와 자기 이름이 붙은 나무와 사진도 찍고, 온 김에 신화 오빠들이 나온 물건도 사고, 신화가 광고하는 치킨도 먹고 간다고 하죠.

선진국 중 어떤 나라는 거리, 공원 벤치에 시민의 이름을 붙여주기도 합니다. 그 시민과 시민의 친구들은 자기 이름이 붙은 의자에 애정을 갖고 한 번이라도 더 그곳을 이야기하고 찾겠죠. 이름 하나 붙이는 건 작은 일이지만, 그 작은 이름표보다 큰 애정이 사람들을 움직이게 하고 여러 가지 이야기들을 만들어내는 겁니다. 공공시설이 시민과 소통하는 작은 수단이 되기도 하고요.

지하철 9호선과 관련된 여러 가지 논쟁과 협의들도 결국 시민의 이름을 하나하나 붙이는 작업으로 가는 과정이었지만, 그 과정이 쉽지는 않았던 것 같아요. 지난한 과정을 거쳐 나름 해피엔딩에 도달했기 때문에 지금은 보람찬 마음으로 9호선에 얽힌 스토리를 소개해드릴 수 있겠네요.

대중교통 중에서도 중요한 위치를 차지하고 있는 지하철을 세심하게 신경 써야 함에도, 지하철 9호선 문제가 수면 위로 불거질 때까지 저는 예민하게 이 문제를 챙기지 못하고 있었어요. 그러던 어느 날 일이 터진 거죠. 900원이던 기본요금이 갑자기 1500원이 된 겁니다. 서울시와 협의를 하는 과정에서 결론이 나지도 않았는데 일방적으로 요금을 올려버린 겁니다.

본격적으로 대책 마련에 나섰습니다. 안타깝게도 서울시와 지하철 9호선을 담당한 민간회사 간의 계약은 심각했어요. 서울시 입장에서 그렇다는 것이죠. 상식적인 수준을 벗어날 정도로 서울시에 불리한 상황이었는데, 몇 년에 걸쳐 지속적으로 양보를 한 것이 문제였습니다. 맨 처음 계약을 할 때만 해도 이 정도는 아니었어요. 그런데 협상을 몇 차례 거치면서 조금씩 서울시가 뒤로 물러나 나중에는 회사 쪽이 전권을 휘둘러도 서울시가 별 할 말이 없는 지경에 이르렀습니다.

서울시 전체의 잘못이긴 했지만 어느 특정 공무원들의 잘못이라는 생각은 들지 않았어요. 공무원들은 인사 조치를 통해 부서 이동을 끊임없이 합니다. 계약의 핵심을 이해하고 이것이 지난번보다 후퇴한 조치인지 아닌지 전반적인 흐름을 관망할 만한 여유가 있는 직원이 없었어요. 반면 상대는 최고 수준의 변호사들을 고용해 치밀하고 지속적으로 이 문제를 연구해왔기에 서울시가 당해낼 재간이 없었던 거죠.

잘못된 건 알았습니다. 하지만 이미 계약은 끝났어요. 어떻게 해

야 할까요? 만약 민간 대 민간의 계약이었다면 정말 답이 없었을지
도 모릅니다. 불행 중 다행으로 서울시가 맺은 계약은 시민의 안전
을 전제하는 대중교통인 지하철이었습니다. 저는 이 부분에 집중
하면 희망이 있을 거라고 봤어요. 그리고 실마리를 찾았습니다.

지하철 9호선을 실제 운영하는 회사는 한국에 있고, 이 회사에
투자하는 회사는 미국에 따로 있는 상황이었어요. 투자회사는 이
윤 창출이 목적이었으므로 한국 회사에서 발생한 이익을 남김없이
자회사로 끌어오고 있었습니다. 그런 결과로 한국에 있는 위탁회사
는 채무가 엄청났고 전반적인 회사의 경영 상황이 부실했어요. 투
자회사가 발을 조금만 빼도 바로 무너지는 유령회사나 다름없었죠.

작은 사고도 큰 위험으로 이어지는 대중교통을 이렇게 부실한
회사가 운영한다는 게 상당한 위험부담 아니겠습니까? 저는 이 부
분에 근거해 계약 해지를 요청할 수 있는 모든 법적 근거를 검토하
도록 지시했고, 결국 찾아낼 수 있었습니다. 이미 계약된 부분이
있다 하더라도 교통의 공공성을 저해하는 요인에 대해 서울시 입
장에서 이의를 제기할 수 있다는 거죠.

서울시가 조금 유리한 고지를 선점하자 협상이 진행되었습니다.

30년간 3조 2천억 원을 챙겨갈 생각이었던 미국 투자회사가 현실을 인정하고 300~400억 정도의 보상금만 받은 채 지하철 9호선에서 완전 철수했습니다. 서울시와 시민 입장에서는 천문학적 금액을 절약한 것이나 다름없죠.

저는 힘들게 시민에게 돌아온 지하철 9호선을 정말 시민의 힘으로 달리게 하고 싶었습니다. 서울시가 9호선 전체를 책임질 돈이 없기도 했고요. 그래서 지하철 9호선 인수를 시민펀드 형식으로 열어 시민들이 주주가 되도록 했습니다. 이율은 은행 이자보다 조금 높은 정도였지만, 시민들은 서울시에 대한 믿음으로 시민펀드가 열리자마자 빛의 속도로 지갑을 열어 9호선의 주인이 되었습니다. '메트로 9' 시민 펀드 가입 첫날, 저도 펀드 가입을 위해서 은행을 방문했었습니다. 그런데 그 인기가 상상 이상이었습니다. 펀드 가입을 위해 오신 시민분들을 보며, 저는 "시민분들께 양보하겠다"고 말씀드리고 돌아왔습니다. 돌아가는 그 길 정말 즐거웠습니다. '지하철 9호선을 이제 정말로 시민들께 드릴 수 있겠구나'라는 생각에 가슴이 벅차오르기까지 했습니다. 이 일을 통해 저는 공공시설에서 민자유치에 대한 자신감을 얻을 수 있었고요. 앞으로도 기회가 된다면 다양하게 시도해볼 생각입니다.

또 한 가지, 같은 실수를 되풀이하지 않기 위해 서울시 내에 아예 계약심사단을 조직했습니다. 공무원들이 아무래도 법적 계약에 대한 전문성이 부족할 수 있으니 상설 변호사, 회계사를 고용해 서울시가 하는 모든 계약은 이곳을 거쳐 불합리한 계약이 일어나지 않도록 하려는 거죠.

시민이 주인이 되는 과정이 때로는 참 험난하죠? 요금은 덜컥 올라갔는데 당장 아무것도 저지할 수 없음을 알았을 때의 무기력감이 지금도 떠오릅니다. 위기 뒤에 기회가 온다는 말처럼, 덕분에 새로운 가능성을 봤다는 게 큰 위안이 되지요. 최근에 저의 피로와 스트레스를 다 날려줄 만큼 보람 있었던 일은 지하철 9호선 민자사업이었습니다. 세금 먹는 하마였던 민자사업의 최소운영수입보장MRG 등을 없앴고, 지하철의 주인도 새롭게 바뀌었습니다. 어마어마한 세금 낭비도 막았으니 금상첨화지요. 지하철 9호선 같은 일이 또 있어서는 안 되겠지만, 같은 일이 벌어지더라도 결국 시민의 힘으로 이겨낼 수 있다고 믿습니다.

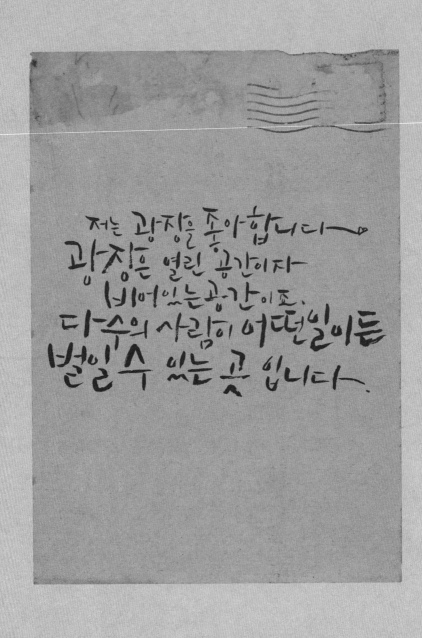

저는 광장을 좋아합니다.
광장은 열린 공간이자
비어있는 공간이죠.
다수의 사람이 어떤일이든
벌일수 있는 곳 입니다.

전달자가 아닌
해설자의 역할이
이 시대 리더가 해야 할
진짜 임무입니다.

첨단행정의 승리
심야버스

역경에서 제가 좋아하는 글귀 중 '개물성무開物成務'라는 말이 있습니다. '만물에게 삶의 방식을 열어주고 모든 역할을 수행할 수 있도록 한다'는 뜻인데요, 사업하시는 분들은 이를 세상만물을 잘 파악해 사업을 이뤄낸다는 뜻으로 해석하기도 합니다. 그것도 좋은 말이지만 역경에서 바라보는 관점으로 해석하면, 모든 인간은 능력이 있고 그 능력을 잘 발휘할 수 있는 방식만 만나면 충분히 자기 역할을 할 수 있다는 의미가 아닐까 합니다.

또 '계명구도鷄鳴狗盜'라는 말도 있습니다. '닭이나 개를 흉내 내는 천한 재주나 소질도 훌륭하게 쓰일 수 있다'는 말이죠. 이와 관련해 닭 울음소리를 잘 내는 식객 덕분에 위기를 넘긴 맹상군의 일화가 전해져오지요? 어떤 재주도 그 나름의 가치가 있으며 어떤 인간도 자기 역할이 있다는 뜻입니다.

공동체 안에 살아가는 사람으로 다른 사람을 존중하고 개성을 받아들이는 자세는 중요합니다. 말은 멋지지만 실제로 언제나 그렇게 행동하기는 만만치 않아요. 사람은 각자의 욕망에 맞춰 판단하기 마련입니다. 돈을 최고로 생각하는 사람이 돈 많은 사람과 돈 없는 사람을 평등하게 대하기는 어렵겠죠? 돈뿐인가요? 학벌, 지위, 외모…… 우리를 둘러싼 갖가지 욕망들을 다 쳐내고 한 명의 인간으로 타인을 바라보기란 쉽지 않습니다.

그렇지만 모든 시민을 평등하게 대해야 하는 서울시장이라면 그 마음에 도달해야 하겠죠. 시민의 스쳐지나가는 한마디도 허투루 넘겨서는 안 될 것이고, 가장 낮은 곳에서 돈도 배움도 없이 어려운 삶을 전전하는 시민을 존중할 수 있어야 합니다. 오히려 힘든 삶을 살아가는 분들일수록 말할 수 없기에 일부러 다가가서 말을 걸고 이야기를 들어야 하겠죠.

저는 청소년들의 이야기도 주의 깊게 듣고 정책에 반영하고 있습니다. 한번은 17세 이하 청소년을 대표하는 친구들 200명을 만나 토론을 해보니 이들을 서울 시정에 보다 적극적으로 참여시켜야겠다는 생각이 들더군요. 수치로만 봐도 서울에 20세 이하 청소년이 200만 명입니다. 서울시민 전체의 1/5에 해당하는 인원인데 이제까지는 그 역할이 너무 미미했죠. 청소년과 어린이 의회를 만들고 그 조직이 청소년 그룹 내에서 대표성을 가질 수 있도록 지원하는 작업도 다각도로 펼칠 계획입니다.

심야버스에 관한 제안은 그냥 받아 넘길 수도 있는 일이었습니다. 버스나 지하철은 새벽에 운행하지 않는다는 게 원칙이었으니까요. "현실적인 여건상 시행이 어렵다"고 답하면 그만이었을지 모릅니다. 하지만 그렇게 했다면 저와 함께 가는 서울시가 아니었겠죠. 심야버스는 서울의 대학생 시민 김병수 군의 제안으로 시작되었습니다.

뉴욕에선 24시간 버스가 다닙니다. 서울도 같은 메트로폴리탄입니다. 밤늦게 일하는 사람도 많고요. 서울에도 심야버스가 다니면 안 될까요. 24시간 살아 있는 도시를 만드는 겁니다.

저는 심야버스의 탄생을 이야기할 때 김병수 군의 이름을 빠뜨리지 않습니다. 언론에서는 익명으로 다루던데, 자랑스러운 이름인 만큼 실명으로 자주 나왔으면 좋겠어요. 어떤 일이든 발명자, 창시자의 이름은 항상 거론되기 마련이잖아요?

어떤 분들은 서울시장이 하는 일이 없는 것 같다고 말씀하시기도 해요. 열심히 제 이름을 붙여가며 숟가락을 얹는다면 그럴 수 있는 일들은 많았습니다. 그렇지만 서울시장 일을 제 개인의 치적 세우듯이 하고 싶지는 않았어요. 서울이 제 영지가 된 것이 아니라, 시민이 저를 하인으로 부리기 시작한 것이니까요. 앞에 나서는 건 당연히 주인이 되어야 합니다. 그래서 서울시가 만든 수많은 브랜드 중에 원순표는 없습니다. 저는 늘 열심히 덧칠만 하고요, 대부분의 아이디어와 창조는 시민들의 작품이죠. 심야버스 역시 시민 브랜드를 달고 나온 서울시의 작품입니다.

공감하는 시민이 많았습니다. 야간 할증이 붙은 택시는 요금도 비싸고 타기도 힘들다는 의견이 나왔어요. 애초에 독점이 문제였습니다. 선한 판매자도 독점 체제가 되면 거드름 피우지 않고 장사하기 어렵죠. 늦게까지 공부를 했든 일을 했든 즐거운 시간을 보냈든 택시 타기 부담스러운 시민들이 버스와 지하철이 끊긴 시간에 집에 돌아갈 방법은 있어야 합니다. 심야에 활동하는 사람은 점점 늘어나는데 이동할 수 있는 교통수단은 택시뿐이니 이런저런 문제가 생기는 게 당연했어요. 심야버스는 훨씬 예전부터 등장했어야 하는지도 모릅니다.

처음에는 반신반의하는 목소리가 있었죠. 그 늦은 시간에 탈 승객이 있겠느냐는 것에서부터, 수익성 여부, 운전기사의 졸음 운전에 따른 사고 발생 가능성, 택시기사들의 반발까지 생각하니 저도 좀 걱정이 되더군요. 그런데 막상 심야버스를 시범운행 해보니 반응이 폭발적이었습니다. 시범운행 기간 동안 2개 노선만 운영했는데 20만 명이 넘는 시민이 심야버스를 기다렸다는 듯이 이용했습니다. 밤늦게 이동하는 서울시민이 적지 않다는 걸 새삼 느꼈습니다.

노선 늘리는 걸 망설일 이유가 없었습니다. 시민 공모를 통해 올빼미 버스로 브랜드 이름을 확정짓고 노선을 7개 더 늘렸습니다. 운전기사는 졸음 운전을 하지 않게 낮 시간에 다른 일을 하지 않도록 조치했고 과속 방지 장치를 달았습니다. 심야에는 취객이 많이 타기 때문에 운전자를 보호하기 위한 격벽도 설치했어요.

택시기사들과 다섯 차례 간담회를 가졌습니다. 마침 택시요금

인상 논의 중이었고 이와 연관지어 자연스럽게 설득 작업이 이뤄졌어요. 심야버스는 택시 타기 어려운 서민들을 위한 것이고, 택시기사의 가족 또한 심야버스의 수혜자가 될 수 있다는 이야기가 대화를 풀어나가는 데 중요한 역할을 했습니다. 결국 버스기사의 가족이 택시 이용자이고, 택시기사의 가족이 버스 승객인, 모두가 서로를 이해하고 챙겨야 하는 서민의 입장 아니겠어요.

심야버스에 숨겨진 성공 비결은 빅데이터의 활용입니다. 겉보기에는 낮에 다니는 버스를 밤에도 다니게 하는 단순한 확장 같지만, 어느 노선을 어느 정도 규모로 운영하는가는 간단히 결정하기 어려운 문제였어요. 심야 교통에 대한 통계자료도 사실상 전무했죠. 적자를 우려한 버스회사에서 노선 신청을 하지 않았습니다.

설득을 위해서는 근거가 필요했습니다. 빅데이터 활용은 기발한 발상이었어요. 최초의 아이디어는 통화량이 많은 곳에 사람도 많다는 것이었습니다. 민간 이동통신사의 30억 개에 달하는 통화량 자료를 분석했습니다. 자정부터 새벽 5시까지 심야시간대에 사용한 휴대폰 콜데이터 30억여 건과 시민들이 이용한 심야택시 승하차 데이터 500만 건을 합쳤어요.

살펴보니 휴대폰 통화량이 많은 곳은 홍대 앞, 동대문, 신림역, 강남, 종로, 가락시장, 신촌, 남부터미널, 건대입구, 압구정 등이었습니다. 또 심야택시를 가장 많이 타고 내리는 곳은 강남, 신림역, 홍대, 건대입구, 동대문, 강북구청, 신촌, 천호, 종로, 영등포 등으로 결과가 나왔습니다.

이 결과를 토대로 서울 전역을 1km 반경의 1250개의 셀 단위로 나눈 후, 유동인구와 교통 수요량을 색상별로 구분했습니다. 이어 기존의 버스노선과 시간·요일별 유동인구 및 교통 수요 패턴을 분석하고 노선 부근 유동인구 가중치를 계산하는 등 재분석을 거쳐 최적의 노선과 배차 간격을 만들어낸 것이죠.

시범운행을 할 때만 해도 버스에 사람이 너무 많이 타서 승객들이 고생했는데, 노선 확장 후에는 상당 부분 나아졌습니다. 승객이 많으니 버스회사는 경영난을 걱정할 필요가 없어졌죠. 심야버스 정류장을 중심으로 단거리 택시 승객도 생겨났고, 음주 난동이나 졸음 사고는 한 건도 신고된 바 없습니다.

제가 웬만하면 서울시가 한 일을 드러내놓고 자랑하지 않지만, 빅데이터의 성공적인 활용에 워낙 기분이 좋아 페이스북에 노골

적으로 시민들의 칭찬을 유도하기도 했습니다. 첨단행정이 눈앞에 구현되는 광경이 신기하기도 하고, 성장한 서울시의 발걸음이 성큼 느껴져 사람들과 밥을 같이 먹다가 뜬금없이 자랑한 적도 있어요. 한번은 제가 직접 심야버스를 타고 시민들 의견을 듣기도 했습니다.

심야버스는 제가 시장이 된 후 펼친 정책 중 시민들이 가장 만족스러워하는 분야로 평가되기도 했습니다. 안전행정부로부터 대통령상을 받기도 했고요. 이런 성과보다 만족스러운 건 첨단행정을 통해 서울의 밤에 다리를 만들었다는 사실입니다. 빅데이터는 대중을 통제하는 수단으로 사용할 경우 끔찍한 올가미가 될 수도 있지만, 발전적인 방향으로 쓴다면 얼마든지 살아 있는 확실한 통계자료로 활용할 수 있답니다. 앞으로도 빅데이터를 활용한 도전은 끊임없이 시도해나갈 계획입니다.

세상의 흐름을 읽으면서
사람들의 목소리를 들으면서
작은 혁신을 계속하다 보면
큰 혁신의 기회가 주어지는 것이지요.

말하기 위해 듣습니다
용산 국제업무지구

이 장에서는 '위로'에 대해 이야기해볼까 합니다. 위로도 소통의
일종이죠. 공감하지 않으면 위로를 잘해줄 수 없습니다. 사실 과거
의 저를 돌아보자면 남을 잘 울리면 울렸지 위로하는 데는 영 서
툰 사람이었습니다. 그런데 서울시장이 되고 나니 위로할 줄 모르
면 시장을 할 자격이 없겠더라고요. 부상병이 도처에 널려 있는
곳에서는 상처를 치료할 줄 아는 사람이 필요하죠. 서울시민이 오
랫동안 앓아온 마음의 병을 감싸기 위해 저는 공감하고 위로하는
방법을 배워야 했습니다.

위로를 잘 못하는 사람이 종종 저지르는 실수가 말이 앞서는 것

입니다. 힘들어하는 사람에게 가서 힘내라고 하는 건 좋습니다. 그런데 그것만으로는 진짜 위로가 안 될 수도 있어요. 왜냐하면 힘든 사람 입장에서는 '정말 이 사람이 내가 얼마나 힘든지 알고 그러나?'라고 생각할 수도 있거든요. 마음을 나쁘게 먹어서가 아니라 사람이면 누구나 자기가 무엇 때문에, 왜 힘든지 제대로 알아주기를 바라니까요.

비슷한 아픔을 겪은 사람끼리 말 몇 마디 나누지 않아도 서로의 존재만으로 금방 위로를 얻는 이유가 여기에 있습니다. 같은 고통을 겪어본 사람은 그 고통이 어떤 것인지 알기 때문이지요. 즉 진짜 위로를 위해서는 고통에 공감하는 일정 정도의 시간이 필요하다는 뜻입니다.

이 말은 위로만이 아니라 충고에도 적용될 수 있어요. "너 그거 잘못했다"라는 말을 제대로 전달하려면 상대가 나에 대한 신뢰를 가지고 있어야 합니다. 내가 어떤 사람인지 잘 모르면서, 그 일이 왜 그렇게 되었는지도 모르면서 다짜고짜 나를 평가하고 쓴소리를 한다면 앞에서는 고개를 끄덕일지 몰라도 뒤돌면 '에이씨' 하고 마는 거죠.

이 모든 과정의 근간은 경청이기에 경청에 들이는 시간을 아까워해서는 안 됩니다. 상대를 잘 위로하고 내 의도를 제대로 전달하기 위해 꼭 거쳐야 하는 단계니까요. 또 지나치게 목적의식을 가져서도 곤란해요. 결국 내가 하고 싶은 어떤 이야기를 하기 위해 듣는 시늉만 한다면 상대는 금방 눈치를 챕니다. 마음을 열어놓고 어떤 결론도 열려 있다는 태도로, 있는 그대로의 감정을 받아들일 때 소통은 시작됩니다.

2012년부터 서부이촌동에 관한 보고를 접하고, 이후 회복하기 어려운 방향으로 악화되고 있다는 현황보고를 잇달아 받으면서도 저는 무기력했습니다. 공무원들이 열심히 준비해준 보고는 꼼꼼하고 현안이 잘 정리되어 있었지만 안타까움이 묻어났어요. 이리 들춰보고 저리 들춰보며 해법을 궁리해도 서울시가 할 수 있는 역할이 거의 없었고, 현실적으로 신중하고 제한적인 접근을 해야 한다는 의견이 지배적이었으니까요. 저 또한 서울시장이라는 위치에 있지만 실질적으로 해결할 수 있는 방법이 떠오르지 않았습니다. 용산 국제업무지구 문제는 복잡합니다. 개괄적으로 설명하자면 이런 상황이었죠.

용산 국제업무지구는 2007년에 건설교통부에 의해 그 계획이 발표되었습니다. 용산역의 철도 차량사업소와 그 주변 지역을 철거하고 대규모 업무지구와 명품 수변도시로 탈바꿈한다는 이야기였습니다. 그런데 금융 위기로 최초 사업자로 나선 삼성물산이 사업을 포기했고, 새로 들어온 롯데관광개발과 한국철도공사가 마찰을 빚으며 2008년 이후 삽만 뜨고 공사가 중단된 상태가 지금까지 지속되었습니다. 이 갈등이 해결되지 않은 채 2013년에 용산 국제업무지구 개발을 위해 설립된 용산역세권개발 주식회사가 부도를 맞으면서 개발은 사실상 취소되었습니다.

서부이촌동 주민들은 졸지에 피해자가 되었습니다. 국제업무지구 개발 명목으로 제시한 토지 보상방안에 찬성하는 주민과 반대하는 주민 간 갈등의 골이 깊어진 상황에서 끝내 개발이 무산돼 아무것도 얻지 못한 주민들의 실망과 분노는 클 수밖에 없었지요. 서울시는 시 안에서 벌어진 사업인 만큼 도의적인 책임은 분명히 있지만, 애초에 민자 주도로 진행된 프로젝트였기 때문에 보상 문제 등 민감한 사안에 대해서는 사실 직접적으로 얽혀 있는 부분이 없었습니다. 차라리 뭔가 책임이 있다면 서울시장으로서 어떻게든 주민들을 위한 실질적 대책을 마련할 수 있었겠죠. 최대한 모든 자료를 모아 스크랩하고 보고를 받았지만, 결론은 용산이 국제업무지구로 개발되려다가 취소되었다는 사실뿐이었습니다.

그렇다 해도 용산의 주민들을 보듬어줄 수 있는 무언가는 반드시 필요했습니다. 일단 만나야 했어요. 이곳을 방문하려고 하자 주변에서 극구 만류하더군요. 좋은 소리를 들을 리 만무할뿐더러 아무것도 해결해줄 수 없다는 게 이유였습니다. 하지만 맨주먹으로 가더라도 일단 만나야 한다는 게 제 생각이었어요. 한번은 아무도 대동하지 않고 혼자 몰래 그곳에 가보기도 했습니다. 동네 전반을 가로지르는 침울한 분위기에 특히 상가지역은 손님이 거의 떠나 문 닫기 일보직전이었어요. 이곳에 공식적으로 와야겠다는 제 결심은 더욱 강해졌습니다.

용기가 필요했고, 용기를 냈습니다. 주민들을 만나 어떤 말씀을 드릴지 종이가 새까매질 정도로 지우고 적으며 준비했습니다. 뺨을 한 대 맞아도 괜찮고 심한 욕설을 들어도 상관없다고 생각했어요. 결국 2013년 10월에 용산을 방문했습니다. 두 차례 걸쳐 갔는데 첫 방문 때는 많은 시간을 보내지 못했고 두번째 방문에서야 주민들과 깊은 이야기를 나눌 수 있었어요. 우려대로 제가 찾아가자 욕을 하시는 분도 있었고 술을 드시고 회의 장소에 들어오시는 분도 있었습니다. 그런 분들도 막지 말고 다 대화에 참여하도록 했습니다.

그날 오후 2시쯤 도착했는데요, 주민센터에서 주민들을 만나 인사를 나누고 세 시간에 걸쳐 그분들이 손잡아 이끄는 대로 이촌동 곳곳을 걸었습니다. 저녁을 먹고 7시부터 주민센터 강당에 모두 모여 이야기를 시작했죠. 하고 싶은 이야기를 모두 하도록 했습니다. 전기요금과 수도요금을 내지 못해 기본 생활의 어려움을 겪는 사람부터 경매 위기에 처한 사람, 빚이 산더미 같다는 사람 등 갖가지 사연이 쏟아졌어요. 2시간 30분 정도가 지나니 거의 이야기가 다 나온 것 같더라고요. 밤 10시가 다 된 시간이었습니다. 제가 마지막으로 회의를 정리했습니다.

그때 제가 주민들에게 한 이야기를 조금만 옮겨보겠습니다.

"아까 오늘의 문제가 너무 힘들어 한강까지 나가셨다는 할머니 손을 꼭 잡고 걸으며 이런 생각을 했습니다. 얼마나 힘드셨습니까. 아직 해결해야 할 문제가 산적해 있지만, 오늘 말씀하신 이 모든 과정이 어찌 보면 하나의 치유 과정입니다. 서울시의 책임자인 시장 앞에서 이렇게 저렇게 얘기하신 그 자체가 이미 저는 치유의 시작이라고 봅니다. 어떤 분이 서울시의 책임에 대해서 손해배상 소송을 하겠다고 하셨는데요, 솔직히 소송을 하면 서울시가 더 유리하고 편합니다. 소송으로 갈까요? 저는 처음부터 분명히 말씀드렸습니다. 법률적 문제 이전에 그것을 넘어서서 제가 서울시장으로서 책임을 느낀다고요. 이 자리에 저뿐만이 아니라 서울시에서 제일 중요한 역할을 하는 간부들이 다 온 것도 여러분의 고통에 진심으로 공감하고 문제를 풀기 위해서입니다. 여러분의 많은 소망들과 구체적 제안들을 가능한 한 다 받아들이겠지만 함께할 수 없는 일들도 있잖아요. 여러분의 제안을 다 받아들이겠다고 약속 못 드리잖아요. 여러 가지 문제가 있으니까요. 그래도 오늘 이렇게 나와서 이야기를 들은 것처럼 계속 여러분의 이야기를 귀담아 듣고 함께 해결해가도록 최선을 다하겠다는 그 약속만큼은 진심을 다해 드립니다."

그리고 감히 이런 이야기도 했습니다.

"이번 용산 국제업무지구 사건도 우리 모두에게 반성과 성찰을 요구하고 있습니다. 우리가 과거 70년대 이후에 잘 먹고 잘 사는 게 세상의 최고라고 생각해 탐욕이 앞섰습니다. 남을 싸워 이겨서 상대방은 죽더라도 나 혼자 큰 집 차지하고 좋은 자동차 사면 그게 행복한 세상을 가져오리라고 생각했죠. 그래서 국민소득 2만 불까지 올라섰지만 우리 사회는 지금 어떻습니까? 자살률 OECD 국가 중 1위, 청소년이 제일 불행한 사회, 성폭력 범

죄가 무수히 일어나는 사회입니다. 이게 우리가 바란 사회인가
요? 우리는 이 사건이 터지기 전인 7년 전이 훨씬 행복했습니다.
우리가 헛된 꿈을 꾸다 이렇게 된 측면도 분명히 있습니다. 그
고민을 가지고 스스로를 돌아보고 서로를 보듬어주십시오."

제가 말을 마치자 그 자리에 참석한 주민들은 일제히 박수를 쳤
습니다. 남이 치니까 따라서 치는 박수는 아니었습니다. 갈팡질팡
한 행정이 준 혼란과, 갑자기 나타난 욕망 앞에서 어느샌가 행복
을 잃어버렸던 주민들이 7년 전을 되돌아보며, 그 행복을 다시 찾
고 싶다는 희망 하나로 친 박수였다고 저는 믿습니다.

저는 이 깊은 절망 속에서 반성과 성찰을, 그리고 희망을 이야
기하는 용기를 어떻게 낼 수 있었을까요? 어떻게 고통과 분노로
가득 찬 서부이촌동 주민들의 마음을 움직였을까요? 듣기 좋은
미사여구를 동원했거나 그럴듯한 보상이 있었기 때문이 아닙니다.
저는 그 자리에서조차 주민들에게 실질적인 해결 방안을 딱히 제
시하지 못했습니다.

저는 그저 제 위치에서, 제가 할 수 있는 최대한의 방식으로 고
통에 공감하려 했습니다. 임대주택 주민의 마음을 이해하려고 임

대주택에서 며칠을 묵었을 때도 같은 심경이었죠. 제 몸은 이미 제 것이 아니라 시민의 것이기에 서울시장이 거의 하루를 꼬박 비워 현장을 돌아보고 시민의 이야기를 듣는다는 게 쉬운 일은 아닙니다. 이 일 말고도 많은 업무가 저를 기다리고 있으니까요. 그렇지만 이곳 주민들과 대화하기 위해 저는 그 과정이 반드시 필요하다고 생각했고, 무턱대고 현장을 돌고 기탄없이 주민의 말을 들으며 그렇게 하루를 보낸 겁니다. 그 하루는 결코 헛된 시간이 아니었습니다.

저는 이 진심만큼은 결코 부끄럽지 않기에 현장에서 만난 시민이 저를 끝내 못 미더워하면 이렇게 말씀드립니다. 그래도 제가 여기에 왔지 않느냐고, 이제까지 당신 앞에 이렇게 나타난 사람이 있었느냐고, 다른 건 몰라도 이 진심만은 알아달라고 소리 높여 이야기를 합니다. 아쉬운 부분이 많다 해도 현장에 부지런히 뛰어가 이야기를 듣는 건 제 자리에서 할 수 있는 최선의 성의이자 노력입니다.

서부이촌동 주민들의 마음을 치유하는 작업은 이제부터 시작입니다. 먼저 용산에 깊게 드리워진 그림자를 걷어내는 작업부터 해볼까 합니다. 2013년 10월부터 서부이촌동에는 이 문제만 전담으로 관리하는 팀이 신설되어 공무원 8명이 상근하고 있습니다. 주민 기초생활 상담 및 저금리 대출 전환 상담 등 실질적인 방안 또한 모색 중이고요. 거리 분위기를 화사하게 바꾸고 신명나는 공연 등 문화행사도 열어 사람들의 웃음소리를 다시 불러올 계획입니다.

2013년 12월에는 그동안의 고민을 모아 마침내 서부이촌동 청책에 대한 후속대책이 마련됐습니다. 큰 그림은 지역의 커뮤니티를 살리면서 국제업무지구를 지원하는 주거지로 재탄생시킨다는 것입니다. 이 모든 과정은 주민이 주도해야 한다는 사실은 당연히 핵심이고요.

물론 7년에 걸쳐 쌓인 상처가 하루이틀 만에 사라지지는 않겠죠. 지금도 현장지원센터에서는 용산에 대한 보고가 매일 전해지고 있습니다. 주민들의 바람을 바탕으로 조금씩, 끈질기게 상처를 치유해나가고자 합니다. 저는 그날 주민들과의 만남에서, 저에게 진심으로 박수쳐주는 그 모습에서 희망은 있다는 확신을 얻었습니다.

경청의 힘, 느껴지시나요? 다른 사람의 말을 진심으로 듣는다는 건 내가 그 사람에게 그 이상의 진심을 건네는 것과 다르지 않습니다. 감정의 친구가 되어야 논리의 유통도 이뤄질 수 있습니다. 경청을 통해 때로는 기쁨과 즐거움, 때로는 슬픔과 고통의 동반자가 되어 진심을 나누고 의미 있는 소통을 하십시오. 그렇게 된다면 서부이촌동 주민센터에서 있었던 그날의 작은 치유처럼, 우리 사회가 겪고 있는 많은 아픔들이 아물 수 있을 거라 생각합니다.

진심으로 다가가서 들었습니다.
용산 현장시장실 영상

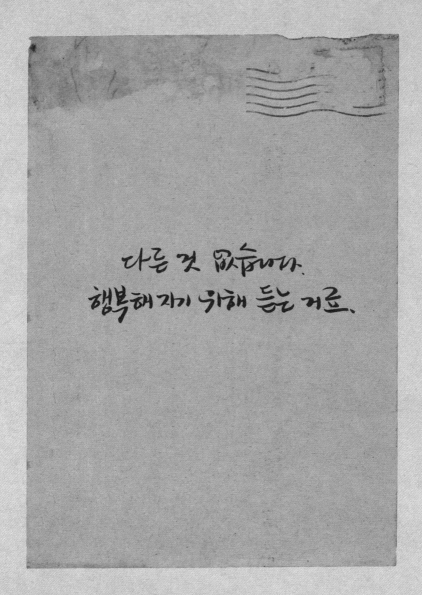

다른 것 없습니다.
행복해지기 위해 듣는 거죠.

함께 꾸는 꿈은
현실이 됩니다

책에 미처 소개하지 못한 경청의 달인 중에 김수환 추기경이 있습니다. 평전을 읽어보면 외부에 강론이나 설교를 하러 가서 다른 신부들이 성경 구절을 준비할 때 그분은 자신의 이야기를 들을 곳의 사람들을 미리 불러 문제나 바람이 무엇인지 들었다고 합니다. 그리고 그곳의 상황에 맞춰 필요한 이야기를 했다고 하죠.

김수환 추기경의 일화는 경청의 중요한 지점을 알려줍니다. 첫번째는 능동성이죠. 그분은 굳이 듣지 않아도 될 상대의 이야기를 보다 더 잘 소통하기 위해 청해 들었습니다. 두번째는 상호작용입니다. 듣기로 끝난 것이 아니라 들은 내용을 바탕으로 청자에게 어울리는 이야기를 풀어놓았습니다.

간단한 타악이나 화음도, 시시한 춤을 한번 추더라도 호흡을 맞추지 않으면 불협화음이 일어나고 어색합니다. 경청을 토대로 한 상호소통이 상식인데도, 우리 사회의 많은 부분이 여전히 독선과 아집으로 가득 차 있어 보는 입장에서 혼란스럽기만 하죠. 귀를 막고 입만 여는 자는 스스로의 고독 안에서 끝내 고사하고 맙니다. 그 쓸쓸한 말로에 동참하지 않기 위해서라도, 우리는 시대의 요구를 똑똑히 바라보고 귀를 열어야 합니다.

듣기라는 행위의 속성상 경청은 종종 수동적인 행위처럼 오해받곤 합니다. 천리안이 아닌 이상 소통하기 위해서는 이야기를 들을 수 있는 현장에 찾아가야 합니다. 이야기를 듣는 과정에서도 모든 열정과 성의를 다해 공감 지점을 찾아야 가장 적절한 방식으로 반응하여 상호작용을 이끌어낼 수 있습니다. 그 반응이 꼭 장황한 말로 드러날 필요는 없습니다. 상대방의 슬픔에 진정으로 공감하여 흘리는 눈물 한 방울이 수만 마디의 말보다 큰 의미를 가질 수 있으니까요. 무엇을 들어야 하는지 판단하여 청하고, 듣기의 과정 안에서 자신과의 접점을 치열하게 모색하는 경청은 어떤 의미에서는 말하기보다 훨씬 적극적인 행동입니다.

많은 경우 특히 공감대 형성에 실패해 진정한 경청에 이르지 못합니다. 이는 결국 스스로의 벽 안에서 빠져나오지 못해 다른 사람의 삶과 자신 사이의 교집합을 찾지 못했다는 뜻입니다. 소통은 자신의 경계를 지우는 것에서부터 출발한다는 점을 잊어서는 안 되겠습니다.

말하기는 '기술'이지만 듣기는 '예술'을 넘어 '마술'이라는 이야기가 있습니다. 말솜씨에 홀리는 건 금방이지만 정신 차리는 것도 금방이지요. '듣기'의 달인을 만나면 매혹되는 데는 시간이 걸리지만 한번 빠지면 걷잡을 수 없이 마음을 내주고 맙니다. 편견 없이 들어주는 사람을 통해 우리는 우리의 존재감을 확인할 수 있기 때문입니다. 내 삶에 경청하고 공감해주는 사람과 함께 있으면 쓸쓸하지 않습니다. 신뢰 관계는 의지할 것이 점점 줄어드는 지금의 사회에서 무엇으로도 살 수 없는 큰 가치입니다.

이 책에 나온 사례보다 훨씬 더 많은 경청의 기회들이 도처에 있습니다. '듣기'란 사람과 사람 사이의 말로 주고받는 대화에만 한정되지 않습니다. 화가에게 물어보십시오. 그림보다 좋은 소통의 도구는 없다고 할 것입니다. 악사는? 음악으로 소통하라고 엄지를 치켜세울 테고요. 춤추는 사람은 춤으로 소통하고 운동선수는 스

2부
불통의 시대,
어떻게 듣고
무엇을 바꿀 것인가

포츠로 소통합니다. 꼭 사람에게만 경청할 수 있을까요? 자연에도
귀 기울이면 그 나름의 소리가 있습니다. 세상만물이 행하는 모든
일에 소통에 깃들어 있으니, 우리는 오감을 곤두세우고 갖가지 방
법으로 열심히 들으면 됩니다.

"함께 꾸는 꿈은 현실이 됩니다." 제 페이스북에 적혀 있는 말입
니다. 함께 꿈꾸기 위해 서로의 목소리, 세상의 울림에 귀 기울여
희망 가득한 현실에 다가갈 수 있으면 좋겠습니다.

소통으로 다 같이 행복해집시다!

2014년 신년사 영상

새로운 미디어 환경을 적극적으로 활용하는
것도 '경청'해야 할 수 있습니다. 증강현실을
이용한 2014년 연하장은 받은 분들이 개인미
디어에 올려주셨습니다. 증강현실을 통한 새해
인사 지금 경험해 보세요.

〈구글플레이〉나 〈애플 앱스토어〉에서
'서울시 통통투어AR' 앱을 다운. 실행 후에
옆의 인사말을 스마트폰으로 비춰보세요.

이통안민 (以通安民)

소통으로 사람을 행복하게 합니다

경청 : 박원순의 대한민국 소통 프로젝트

ⓒ박원순 2014

1판 1쇄 발행 2014년 2월 21일
1판 3쇄 발행 2014년 3월 10일

지은이 박원순
펴낸이 강병선
편집인 황상욱

기획 황상욱
편집 황상욱 윤해승
원고 정리 조은호
손글씨 박원순 배민경
디자인 백주영
사진 제공 서울시청
마케팅 방미연 이지현 윤해승
온라인 마케팅 김희숙 김상만 한수진 이천희
제작 강신은 김동욱 임현식 **제작처** 영신사

펴낸곳 (주)문학동네
출판등록 1993년 10월 22일 제406-2003-000045호
임프린트 휴먼큐브

주소 413-120 경기도 파주시 회동길 210 1층
문의전화 031-955-1902(편집) 031-955-2655(마케팅) 031-955-8855(팩스)
전자우편 forviya@munhak.com **트위터** @humancube44 **페이스북** fb.com/humancube44

ISBN 978-89-546-2397-1 03320

■휴먼큐브는 문학동네 출판그룹의 임프린트입니다. 이 책의 판권은 지은이와 휴먼큐브에 있습니다.
■이 책 내용의 전부 또는 일부를 재사용하려면 반드시 양측의 서면동의를 받아야 합니다.
■「이 도서의 국립중앙도서관 출판시도서목록(CIP)은 서지정보유통지원시스템 홈페이지(http://seoji.nl.go.kr)와 국가자료공동목록시스템(http://www.nl.go.kr/kolisnet)에서 이용하실 수 있습니다.(CIP제어번호: CIP2014002712)」

www.munhak.com